Katrin ist schon eifrig am Rühren, damit nichts anbrennt!
Puuuh! Da kommt sie ganz schön ins Schwitzen!

DR. OETKER

KINDER KOCHEN & BACKEN

Lizenzausgabe für den
UNIPART VERLAG GMBH
Remseck bei Stuttgart, 1993

Covergestaltung und Illustrationen:
Iris-Katrin Fischer

Innenfotos: Fotostudio Toelle, Bielefeld
Fotostudio Büttner, Bielefeld
Brigitte Wegner, Bielefeld
Andy Seymour, London
Schwartau Werke GmbH & Co KG, Bad Schwartau

Rezeptenentwicklung u. -Überarbeitung:
Anette Elges, Ute Blume

ISBN 3 8122 3227 8

DR. OETKER

KINDER KOCHEN & BACKEN

Unipart-Verlag • Stuttgart

Küchengeräte

Tips... Tips... Tips...

Frühstück

Pausenbrote

Getreide

Nudeln

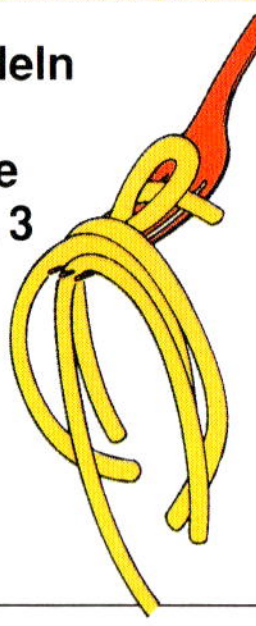

Gemüse

Obst

Getränke

Fasching

Ostern

Muttertag

Sommerfest

Geburtstag

Nikolaustag

Advent

Weihnachten

Sylvester

Küchengeräte

Hallo Kinder,

die hier abgebildeten Geräte braucht Ihr zum Kochen und Backen der leckeren Speisen, Kuchen und Törtchen in diesem Buch.

1 Rührschüssel
2 Mehlsieb
3 Rührlöffel
4 Rührlöffel
5 Pinsel
6 Knethaken
7 Handrührgerät
8 kleine Schüssel
9 Teigrolle
10 Mohrenkopf-Form
11 Küchenmesser
12 Holzspießchen
13 Pergamentpapier
14 Knoblauchpresse
15 Teigkarte

16 Schüttelsieb
17 Karton
18 Schere
19 Bleistift
20 Tesafilm
21 Eßlöffel
22 Ausstechförmchen
23 Spritzbeutel mit Tüllen
24 Stieltöpfe
25 Wasserglas
26 Schäfchen-Form
27 Backpapier
28 Schneebesen
29 Teigschaber
30 Kuchenrost

Küchengeräte

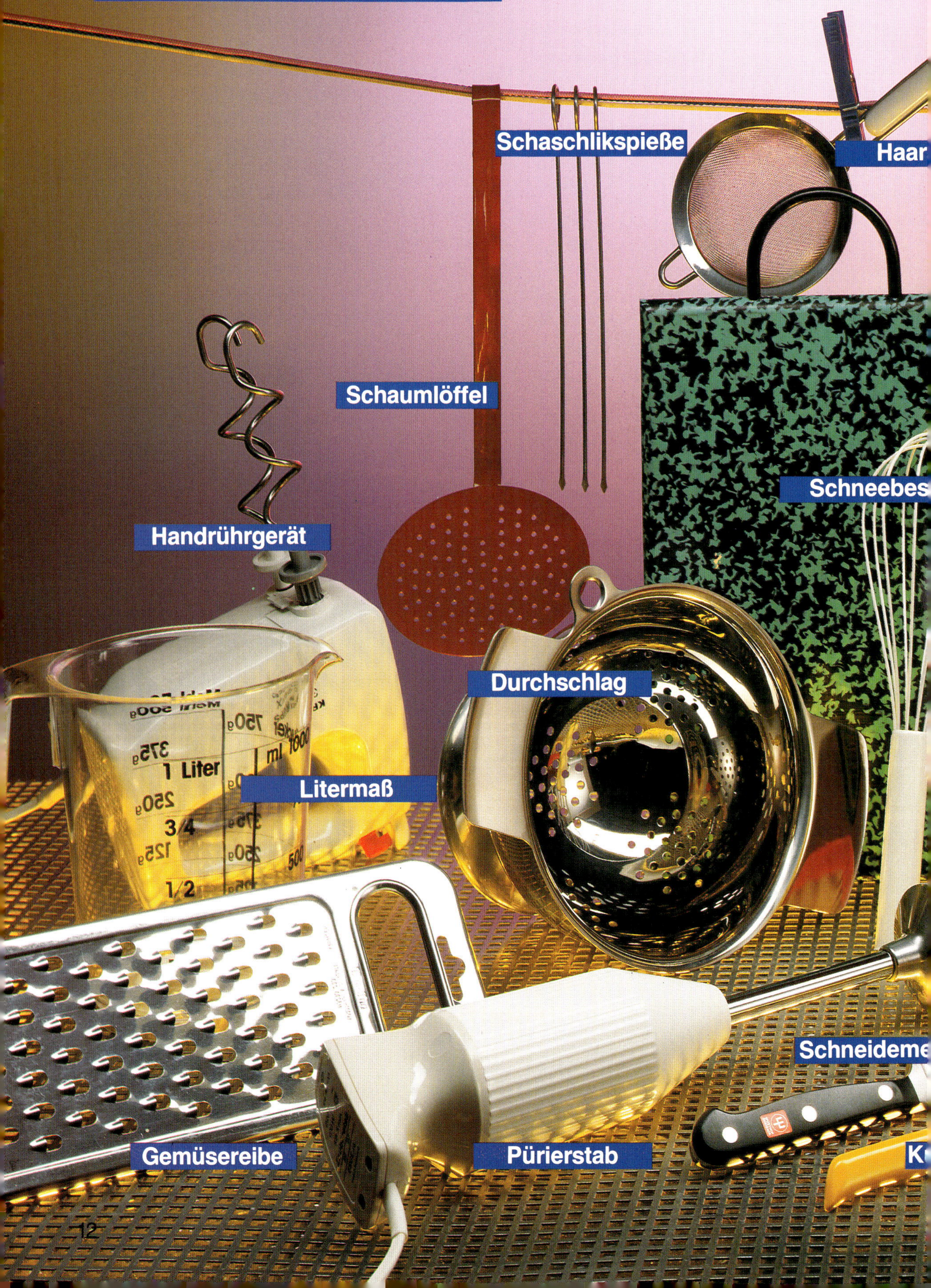

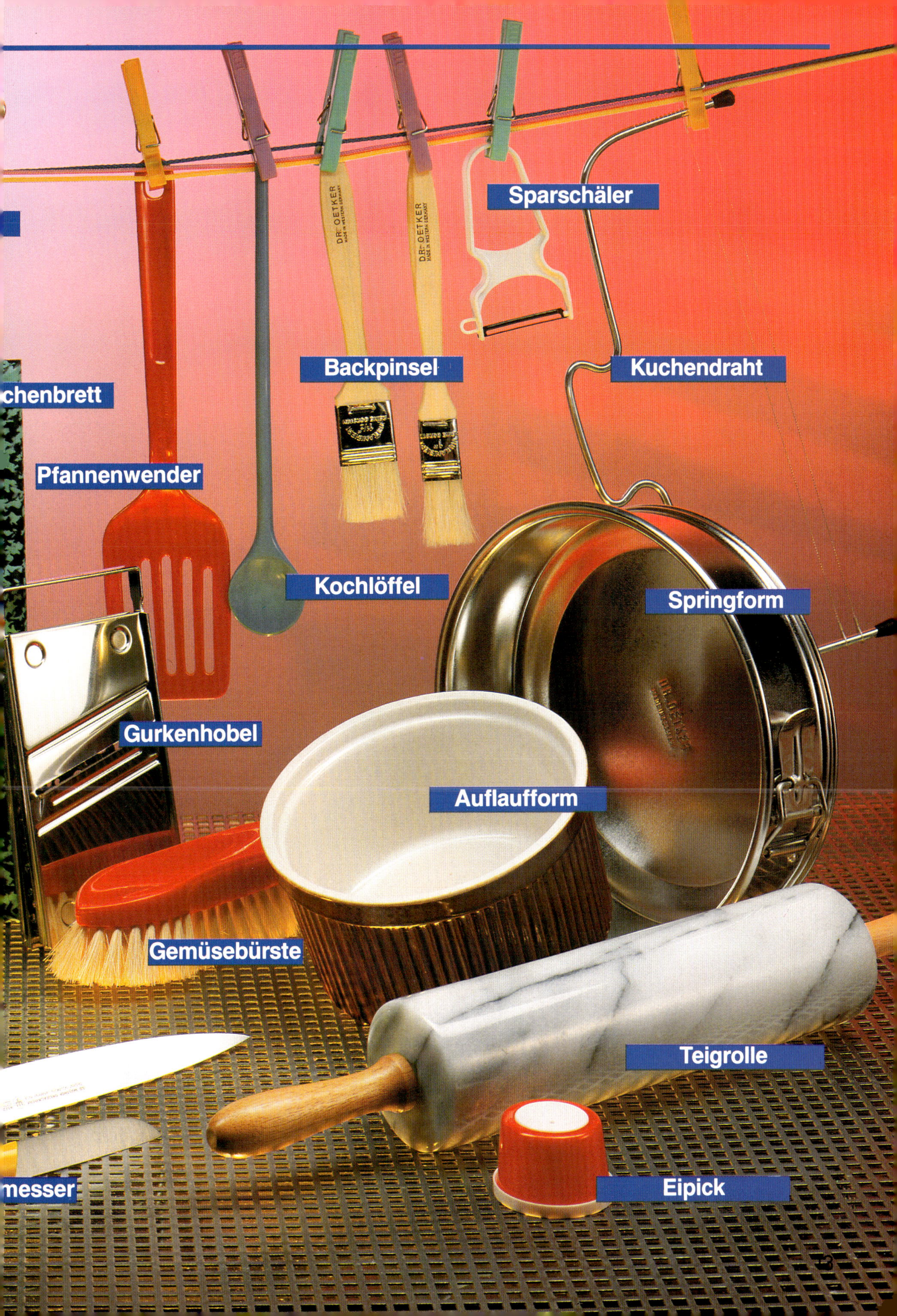
Sparschäler
Backpinsel
Kuchendraht
chenbrett
Pfannenwender
Kochlöffel
Springform
Gurkenhobel
Auflaufform
Gemüsebürste
Teigrolle
messer
Eipick

Gemüse-Tips

Zwiebel

Ziehe die Zwiebel ab, schneide sie in feine Würfel oder in Scheiben. Eine ganz genaue Beschreibung findest Du auf Seite 17.

Porree (Lauch) / Fühlingszwiebel

Putze das Gemüse erst (entferne welke Blätter, schneide Wurzelenden ab), halbiere es längs, wasche es dann unter fließendem, kaltem Wasser gründlich ab.

Knoblauchzwiebel

Löse zuerst eine Zehe, ziehe diese ab und drücke sie durch eine Knoblauchpresse.

Schlangengurke

Wasche die Gurke unter fließendem, warmen Wasser gründlich ab, Du brauchst sie dann nicht zu schälen. Mit einem Gurkenhobel hobelst Du sie in Scheiben.

Zucchini

Wasche die Zucchini unter fließendem, warmem Wasser gründlich ab, schneide beide Enden ab. Nun kannst Du sie mit einem Gurkenhobel in Scheiben schneiden oder mit einem Messer in kleine Würfel

Aubergine

Wasche die Auberginen unter fließendem kaltem Wasser gründlich ab, entferne danach die beiden Enden mit einem Messer. Auberginen werden sehr oft in Scheiben verarbeitet.

Paprikaschote

Halbiere und entstiele sie, entferne Kerne und weiße Scheidewände, wasche die Schote danach unter fließendem Wasser ab.

Tomate

Wasche sie unter fließendem, kaltem Wasser ab, entferne den Stielansatz und schneide sie dann in Viertel, Scheiben oder Würfel.

Viele praktische Tips, die Dir helfen

1 Bevor Du mit dem Kochen und Backen beginnst, binde Dir eine **Schürze** um (ein Küchenhandtuch geht auch). Wenn Du mit Lebensmitteln umgehst, kann es manchmal ganz schön spritzen, Saft, zum Beispiel von roten Früchten, den man nur schwer entfernen kann.

2 Dann noch **die Hände waschen** und jetzt kann es losgehen

3 Lies das Rezept, das Du Dir ausgesucht hast, ganz genau durch.

4 Laß Dir von einem Erwachsenen den **Herd** und den **Backofen,** den Du benutzt, genau **erklären.**

5 Stelle alle abgewogenen Zutaten und Geräte bereit.

6 Halte die Mengenangaben beim Kochen und Backen genau ein, dann gelingt Dir alles viel besser.

7 Größere Mengen, zum Beispiel: 500 g Kartoffeln oder 300 g Mehl kannst Du auf der Küchenwaage abwiegen, vergiß aber nicht, das Gewicht des Gefäßes abzuziehen, in dem Du die Zutaten wiegst.

8 Kleine Mengen werden nicht in Gramm, sondern in **Eßlöffel (Eßl.)** und **Teelöffel (Teel.)** angegeben.

9 Ganz kleine Mengen kannst Du mit einer **Messerspitze (Msp.)** oder **Prise (Pr.)** abmessen. Eine Messerspitze ist die Menge, die auf der Spitze einer Messerklinge Platz hat.

Eine Prise ist sogar noch weniger, es ist soviel, wie Du zwischen Daumen und Zeigefinger halten kannst.

Mit Messerspitzen und Prisen werden Zutaten angegeben, die man zum Abschmecken verwendet, zum Beispiel Zucker, Salz oder gemahlene Gewürze.

10 Zum Abmessen von Flüssigkeit benutzt Du am besten ein **Litermaß.** Achte darauf, daß es auf einer geraden Fläche steht, nur so kannst Du die Literangaben genau ablesen.

11 Kochen und Backen ist zwar kinderleicht, vorsichtig sein mußt Du aber auch im Umgang mit heißen Töpfen und Speisen.

12 Damit Du Dich nicht verbrennst, fasse Topfdeckel und -henkel, aber auch Backbleche und Backformen im und auf dem Ofen nie ohne **Topflappen** an.

13 Achte auch auf **heißen Wasserdampf,** zum Beispiel beim Aufheben des Topfdeckels oder beim Abschütten von Nudeln und Kartoffeln.

Zwiebelschneiden will gelernt sein.

Ziehe zuerst die braune Haut ab.
Halbiere die Zwiebel dann der Länge nach (vom Stielansatz »Zipfelchen« zu den Wurzeln).
Lege sie mit der Schnittfläche nach unten auf ein Küchenbrett.
Schneide mit einem scharfen Messer die Zwiebelscheibe ein.
Achte darauf, daß Du nicht ganz bis zum Zipfelchen durchschneidest, denn so hat die Zwiebel noch Halt und fällt nicht auseinander.
Schneide die Zwiebelhälften noch 2 – 3 mal quer ein. Zum Schluß brauchst Du sie dann nur noch senkrecht zum Zipfelchen schneiden, so daß kleine Würfel entstehen.

Das Zwiebelschneiden ist gar nicht so einfach; gib also nicht sofort auf, wenn es Dir beim ersten Mal nicht richtig gelingen will. Es ist ja schließlich noch kein Meister vom Himmel gefallen!

Ist das Ei noch frisch?

In einigen Rezepten werden Eier verwendet. Es gibt verschiedene Möglichkeiten, zu prüfen, ob sie noch gut sind.

1 Fülle ein Glas mit Wasser und lege das Ei hinein. Liegt es quer auf dem Boden, ist es frisch. Schwimmt es im Glas, ist es nicht mehr frisch. Jedes Ei hat an seiner stumpfen Seite eine Luftblase. Je älter es ist, desto mehr Luft dringt durch die poröse (durchlässige) Schale ein, die Luftblase wächst und das Ei schwimmt im Wasser und drängt an die Wasseroberfläche.

2 Eine **Riechprobe** hilft Dir auch festzustellen, ob Du es noch verwenden kannst: Bevor Du es zu den anderen Zutaten gibst, schlägst Du es einfach über einer Tasse auf und riechst daran. Ist es nicht mehr gut, stinkt es wie eine Stinkbombe!

Hilfe, mir ist ’was angebrannt!

Das kann selbst dem besten Koch passieren, wenn er mal nicht so aufmerksam ist.

Nimm den Topf sofort von der Herdplatte (ausschalten nicht vergessen!) und schöpfe vorsichtig ab, was noch zu retten ist, ohne dabei umzurühren.

Fülle den Topf mit den angebrannten Speiseresten sofort mit Wasser, Du kannst ihn später besser reinigen.

Rezepte sind zum Verändern da!

Sicher gibt es auch mal eine Zutat in einem Rezept, die Du nicht magst. Tausche sie doch einfach aus, oder nimm von den restlichen Zutaten etwas mehr.

Schreibe die Veränderung sofort auf, dann hast Du es später einfacher.

So kannst Du durch Experimente Deine ganz persönlichen Lieblingsrezepte entwickeln. Damit Du es etwas einfacher hast, stehen unter vielen Rezepten Tips, wie Du sie verändern kannst.

»Ein eigenes Kapitel zum Thema Frühstück? Warum das?«, werdet Ihr jetzt vielleicht fragen. Nun – die Antwort ist ganz einfach: Frühstück ist eigentlich die wichtigste Mahlzeit des Tages. Das Frühstück soll Euch für einen langen Schultag fitmachen; und da ist es nicht gut, wenn man ganz eilig ein halbes Brötchen mit einer Tasse Kakao »herunterspült«. Darum gibt es auf den folgenden Seiten ein paar leckere Rezepte, die Euch zeigen, wie Ihr ohne großen Zeitaufwand ein tolles und gesundes Frühstück zubereiten könnt. Übrigens findet Ihr auch Ideen für tolle Pausenbrote!

Kunterbunte Frühstücksspießchen

(4 Portionen, Foto)

Dazu benötigst Du:

2 große Scheiben Vollkornbrot
2 Eßl. Frischkäse mit Kräutern
1/4 Salatgurke
1/2 rote Paprikaschote
1/2 gelbe Paprikaschote
1 große Möhre
1 Bund Radieschen
100 g Käse am Stück (z.B. Gouda)

Stelle bereit:

1 Küchenbrett
1 Sparschäler
1 Küchenmesser
Küchenpapier
Schaschlikspieße

So wird's gemacht:

1 Bestreiche 1 Scheibe Vollkornbrot mit dem Frischkäse und lege die zweite Scheibe Brot darauf (gut festdrücken).

2 Schneide das Brot in große Würfel.

3 Wasche die Salatgurke unter fließendem, heißem Wasser und trockne sie mit Küchenpapier ab. Schneide die Gurke in große Stücke.

4 Entferne von den Paprikaschoten den Stiel, Kerne und die weißen Innenwände. Du wäschst sie ab, tupfst sie trocken und schneidest sie ebenfalls in Stücke.

5 Schäle die Möhre mit dem Sparschäler und schneide sie in Scheiben.

6 Entferne die Blätter und Stiele der Radieschen. Große Radieschen kannst Du halbieren, damit sie sich besser aufspießen lassen.

7 Entferne die Rinde vom Käse und schneide ihn in Würfel.

8 Spieße nun das Vollkornbrot abwechselnd mit den Gemüse- und Käsestückchen auf die Holzspieße.

Tip:
Du kannst für diese kunterbunten Frühstücksspießchen auch andere Gemüse (z. B. Kohlrabi) verwenden.

Schnelle Quarkbrötchen (12 Stück)

Dazu benötigst Du:

1 Teel. Butter, zum Fetten des Backbleches
150 g Weizenvollkornmehl, feingemahlen
1 Teel. Backpulver
1 Teel. Kräutersalz
250 g Speisequark
1 Ei
50 g Weizenvollkornmehl

Stelle bereit:

1 Backblech
1 Backpinsel
1 Große Rührschüssel
1 Handrührgerät mit Knethaken
1 Küchenmesser
1 Kuchendraht

So wird's gemacht:

1 Bestreiche ein Backblech mit Butter. Benutze dazu den Backpinsel.

2 Fülle die restlichen Zutaten in eine große Rührschüssel und verknete sie mit dem Handrührgerät (zunächst auf Stufe 1, dann auf Stufe 3), bis ein glatter Teig entsteht.

3 Streue etwas Weizenvollkornmehl auf ein Backbrett oder die Tischplatte.

4 Forme aus dem Teig auf der bemehlten Fläche eine dicke Rolle und schneide sie in 12 gleich große Stücke (Durchmesser etwa 5 cm).

5 Forme aus jedem Teigstück ein rundes Brötchen und lege es auf das gefettete Backblech. Damit der Teig dabei nicht an den Fingern kleben bleibt, reibst Du die Hände vorher mit etwas Weizenvollkornmehl ein.

6 Backe die Brötchen im vorgeheizten Backofen (Strom: etwa 180 Grad/ Gas: etwa Stufe 3) auf der mittleren Einschubleiste 15 – 20 Minuten.

7 Nimm das Blech aus dem Backofen (denke daran, dicke Topflappen zu benutzen - das Blech ist sehr heiß!) und lege die Brötchen zum Auskühlen auf einen Kuchendraht.

Müsliriegel (Foto)

Dazu benötigst Du:

125 ml (1/8 l) Wasser
500 g Honig
200 g kernige Haferflocken
200 g kernige Weizenkornflocken
100 g Kokosraspel
50 g Sesamsamen
300 g Dörrobst, feingehackt (z.B. Aprikosen, Pflaumen, Äpfel)
1 Msp. gemahlene Vanille
1 Teel. gemahlenen Zimt
1 Pr. Salz
2 Eiweiß
2 Eigelb

Stelle bereit:

1 kleinen Topf
1 große Rührschüssel
1 Kochlöffel
1 Teller
1 Gabel
1 Backblech
Backtrennpapier
1 großes Messer
Frischhaltefolie
1 Teigrolle

So wird's gemacht:

1 Gib das Wasser und den Honig in einen kleinen Topf und erhitze die Masse auf dem Herd bei mittlerer Hitze (Stufe $1^{1}/_{2}$) bis sich der Honig aufgelöst hat.

2 Fülle Haferflocken, Weizenflocken, Kokosraspel, Sesamsamen, Dörrobst, Vanille, Zimt und Salz in eine große Rührschüssel und mische alle Zutaten mit einem Kochlöffel.

3 Nun gibst Du das Honigwasser dazu, rührst alles noch einmal gut durch und läßt die Masse 10 Minuten quellen.

4 Schlage die beiden Eiweiße mit einem Handrührgerät halb steif und rühre es dann unter die Müslimischung.

5 Belege das Backblech mit Backtrennpapier und streiche die Müsliriegelmischung darauf.

Belege die Masse mit Frischhaltefolie und drücke sie dann mit einer Teigrolle fest auf das Backblech. Entferne danach die Folie.

6 Schiebe das Backblech in den Backofen (Strom: etwa 160 Grad/ Gas: Stufe 1 – 2) und backe die Müsliriegel 20 – 30 Minuten.

7 Jetzt hast Du einen riesig großen Müsliriegel. Damit Du viele kleine Stücke erhältst, mußt Du den Müsliriegel zerschneiden, wenn er noch heiß ist.

Tip:

Das Dörrobst kannst Du gut mit einem elektrischen Blitzhacker zerkleinern.

Bananen-Schinken-Brot (1 Portion, Foto)

Dazu benötigst Du:

2 Scheiben Vollkornbrot (je 40 g)
50 g Hüttenkäse
1/2 Banane
1/2 Teel. Zitronensaft
1 Scheibe mageren gekochten Schinken

Stelle bereit:

1 Küchenbrett
1 Tafelmesser

So wird's gemacht:

1 Bestreiche die beiden Scheiben Vollkornbrot mit Hüttenkäse.

2 Schneide die Banane in Scheiben und lege sie auf eine Scheibe Brot.

3 Beträufel die Bananenscheiben mit dem Zitronensaft, damit sie nicht braun werden.

4 Lege die Scheibe Kochschinken auf das belegte Brot.

5 Lege die zweite Scheibe Brot nun wie einen Deckel auf das Bananen-Schinken-Brot.

Frühlingsquark-Brot (2 Portionen, Foto)

Dazu benötigst Du:

1 kleine Möhre
125 g Speisequark, 20% Fett
1 Eßl. frische Kräuter (z.B. Petersilie, Schnittlauch, Kresse)
1 Pr. Salz
1 Pr. Pfeffer
1 Pr. Paprika, edelsüß
4 Scheiben Vollkornbrot (je 40 g)

Stelle bereit:

1 Sparschäler
1 Gemüsereibe
1 kleine Rührschüssel
1 Schneebesen
1 Küchenbrett
1 Tafelmesser

So wird's gemacht:

1 Schäle die Möhre mit einem Sparschäler und raspele sie auf der groben Seite der Gemüsereibe in eine kleine Rührschüssel.

2 Gib den Quark, die frischen Kräuter und die Gewürze dazu und verrühre alles mit dem Schneebesen.

3 Schmecke den Kräuterquark ab und würze ihn evtl. nach.

4 Bestreiche 2 Scheiben des Vollkornbrotes mit der Quarkmasse und lege die restlichen 2 Brotscheiben als Deckel darauf.

Getreide

Unterschiedliche Getreidesorten sollten kleine Köchinnen und Köche schon kennen, auch wie sie verarbeitet werden. Aus Weizen und Roggen zum Beispiel macht man hauptsächlich Mehl, Vollkornmehl, wenn das ganze Korn vermahlen wird; Auszugsmehl, wenn man nur das Innerste des Korns - den Mehlkörper - mahlt. Aus Hafer macht man Haferflocken. Hirsekörner läßt man zumeist in Wasser quellen, um Speisen daraus zuzubereiten. Mais und Reis ißt man in ganz Europa meistens als ganze Körner, geschält beim Reis, ungeschält beim Mais. Ihr seht also: Es gibt viele Möglichkeiten, aus Getreide etwas zu kochen oder zu backen. Ein paar ganz tolle Rezepte - extra für Kinder! - findet Ihr auf den folgenden Seiten.

Haferklößchensuppe (4-6 Portionen, Foto)

Dazu benötigst Du:

60 g weiche Butter
4 Eßl. fein gemahlenen Hafer
2 Eier
1 Pr. Salz
1 Pr. Pfeffer
1 Pr. Muskat
1 Msp. gekörnte Brühe
1 große Möhre
1/4 Sellerieknolle
1 l Gemüsebrühe

Stelle bereit:

1 Rührschüssel
1 Handrührgerät mit Rührbesen
1 Sparschäler
1 Gemüsereibe
1 mittelgroßen Topf
2 Teelöffel

So wird's gemacht:

1 Gib die Butter, das fein gemahlene Hafermehl und die Eier in eine Rührschüssel und verrühre sie mit dem Handrührgerät zunächst auf Stufe 1 dann auf Stufe 3, bis ein glatter Teig entsteht.

2 Würze den Teig mit Salz, Pfeffer, Muskat und gekörnter Brühe.

3 Stelle den Haferklößchenteig an die Seite und schäle mit einem Sparschäler die Möhre und das Stück Sellerie.

4 Raspele das Gemüse auf der feinen Seite der Gemüsereibe und stelle es ebenfalls zur Seite.

5 Fülle die Gemüsebrühe in einen mittelgroßen Topf und erhitze sie auf dem Herd (Stufe 3), bis sie zu kochen beginnt. Schalte den Herd dann auf mittlere Hitze (Stufe 1 1/2) zurück. In die kochende Brühe gibst Du das vorbereitete Gemüse und die Haferklößchen.

6 Forme die Haferklößchen am besten mit 2 Teelöffeln. Dazu nimmst Du etwas Teig mit einem Teelöffel ab und streichst das Teighäufchen mit dem zweiten Löffel direkt in die Suppe.

7 Die Klößchen und das Gemüse müssen etwa 10 Minuten in der heißen Brühe garziehen.

Tip:

Die fertige Suppe kannst Du mit gehackter Petersilie garnieren. Eine Gemüsebrühe kannst Du ganz einfach aus einem Gemüsebrühwürfel herstellen. Dazu löst Du den Gemüsebrühwürfel nur in heißem Wasser auf.

Süßer Hirseauflauf (4-6 Portionen, Foto)

Dazu benötigst Du:

200 g Hirse
500 ml (1/2 l) Milch
2 Eßl. Honig
3 Eßl. Sesamsamen
3 Eßl. gehackte Mandeln
1/2 Teel. Zimt, gemahlen
3 Eigelb
500 g Obst (z.B. entsteinte Kirschen, Pfirsiche oder Äpfel)
3 Eiweiß
Butter, zum Fetten der Auflaufform

Stelle bereit:

1 Haarsieb
1 mittelgroßen Topf mit Deckel
1 hohe Rührschüssel
1 Handrührgerät mit Rührbesen
1 Kochlöffel
1 Auflaufform
1 Backpinsel
1 Küchenmesser

So wird's gemacht:

1 Gib die Hirse in ein Haarsieb und wasche sie unter fließendem warmen Wasser ab.

2 Gib die gewaschene Hirse zusammen mit der Milch in einen Topf und erhitze sie bei starker Hitze (Stufe 3), bis sie kocht.

3 Nimm die kochende Hirsemasse vom Herd und lasse sie 20 Minuten ausquellen.

4 Rühre Honig, Sesamsamen, gehackte Mandeln und Zimt unter den Hirsebrei.

5 Gib das Eigelb nacheinander zum Hirsebrei und rühre es gut unter.

6 Bereite das Obst vor: Wenn Du großes Obst wie z.B. Pfirsiche oder Äpfel verwendest, mußt Du es vorher schälen und in Würfel schneiden

7 Schlage das Eiweiß in einer hohen Rührschüssel mit dem Handrührgerät, so steif, daß ein Messerschnitt sichtbar bleibt.

8 Das steifgeschlagene Eiweiß hebst Du nun vorsichtig mit dem Kochlöffel unter den Hirsebrei.

9 Fette die Auflaufform mit etwas Butter aus und fülle den Hirsebrei hinein.

10 Der Hirsebrei muß im vorgeheizten Backofen auf der mittleren Schiene backen (Strom: etwa 175 Grad / Gas: Stufe 3).

> **Tip:**
> Zu diesem süßen Hirseauflauf paßt eine Vanillesauce besonders gut. Mit bunten Früchten, z.B. Kiwis, Erdbeeren, Kirschen, kannst Du den Auflauf hübsch verzieren.

Vanillesauce (4 – 6 Portionen)

Dazu benötigst Du:

250 ml (1/4 l) Milch
2 – 3 Msp. gemahlene Vanille
40 g fein gemahlener Weizen
1 Eigelb
2 Eßl. Honig
1 Teel. Zitronensaft
1 Pr. Salz
250 ml (1/4 l) Schlagsahne

Stelle bereit:

1 Topf
1 Schneebesen
1 Tasse

So wird's gemacht:

1 Gib die Milch mit der Vanille und dem frisch gemahlenen Weizenvollkornmehl in einen Topf und erhitze die Mischung auf dem Herd bei Stufe 3, bis sie kocht. Dabei muß Du die Mischung mit dem Schneebesen immer gut durchrühren, damit nichts anbrennt.

2 Nimm den Topf vom Herd und lasse die Milchmischung unter Rühren etwas abkühlen.

3 Verrühre das Eigelb mit dem Honig, dem Zitronensaft, der Prise Salz und 3 Eßlöffeln der heißen Milchmischung in einer Tasse.

4 Rühre die Eimasse nun in den Topf mit der heißen Milchmischung.

5 Zum Schluß gibst Du noch die Schlagsahne dazu, rührst alles noch einmal kräftig um und schon ist Deine Vanillesauce fertig.

Apfelplätzchen (4 Portionen, Foto)

Dazu benötigst Du:

250 g Weizenvollkornmehl, fein gemahlen
1 Pr. Salz
3 Eier
250 ml (1/4 l) Milch
3 Äpfel
30 g Weizenvollkornmehl
1 Msp. Backpulver
Speiseöl, zum Ausbacken der Plätzchen.

Stelle bereit:

1 große Rührschüssel
1 kleine Rührschüssel
1 Tasse, zum Trennen der Eier
1 Handrührgerät mit Rührbesen oder 1 Schneebesen
1 Haushaltswaage
1 Litermaß
1 Schälmesser
1 Küchenbrett
1 Eßlöffel
2 Pfannenwender
1 Kochlöffel

So wird's gemacht:

1 Verrühre 250 g des Mehls mit 1 Prise Salz in der großen Rührschüssel.

2 Nun trennst Du die Eier. Dazu benutzt Du am besten eine Tasse. Jedes Ei wird über einer Tasse aufgeschlagen, so daß 2 Schalenhälften entstehen. Das Eigelb wird nun vorsichtig von der einen in die andere Schalenhälfte gegeben, bis es ganz vom Eiweiß getrennt ist. Das Eiweiß läßt Du dabei in die Tasse laufen.

3 Gib das Eigelb zum Mehl. Das Eiweiß füllst Du in die kleine Rührschüssel.

4 Gib die Milch zum Mehl und verrühre alles gut mit dem Handrührgerät zuerst auf Stufe 1 dann auf Stufe 3, bis eine glatter Teig entsteht.

5 Laß den Teig eine halbe Stunde quellen.

6 In der Zwischenzeit kannst Du die Äpfel schälen, vierteln und entkernen. Die Viertel nochmal der Länge nach halbieren und dann in kleine Scheibchen schneiden.

7 Hebe die Apfelscheibchen vorsichtig unter den Teig (warte damit nicht zu lange, denn die Äpfel werden schnell braun).

8 Verrühre das restliche Mehl mit der Messerspitze Backpulver und gib es dann zum Teig.

9 Schlage das Eiweiß mit dem Handrührgerät so steif, daß ein Messerschnitt sichtbar bleibt.

10 Hebe das Eiweiß mit einem Kochlöffel vorsichtig unter den Teig.

11 Backe den Teig eßlöffelweise in heißem Speiseöl (etwa 2 Eßlöffel für 4 Plätzchen) in der Pfanne.

12 Sind die Apfelplätzchen von unten goldgelb, werden sie mit den beiden Pfannenwendern umgedreht und von der anderen Seite ebenfalls goldgelb gebacken.

Tip:

Besonders gut schmekken die Apfelplätzchen mit Zimt und Zucker bestreut. Man kann sie aber auch mit Ahornsirup bestreichen.

Nudeln

Was ist ein Leben ohne Nudeln! Für so ein richtiges Spaghetti-Essen gibt's doch wirklich keinen Ersatz. Außerdem sind Nudeln ganz schnell zubereitet. Ihr braucht sie nur in Wasser zu kochen. Und was das Tollste bei Nudeln ist, man kann sie auch selbermachen! Das ist überhaupt nicht schwer. Sogar bunte Nudeln sind kinderleicht. Dazu kocht Ihr sie statt in Wasser einfach in Gemüsesaft. Also in Spinatsaft, wenn Ihr grüne Nudeln haben wollt. Oder in Rote-Beete-Saft, wenn sie rot werden sollen. Und wenn Euch gerade der Sinn nach einer Süßspeise steht – auch dafür lassen sich Nudeln prima verwenden. Ach man kommt aus dem Schwärmen nicht mehr heraus. Am besten Ihr probiert Euer eigenes Lieblingsrezept mit Nudeln gleich einmal aus.

Kunterbunte Nudeln (Foto)

Dazu benötigst Du:

500 g Weizenvollkornmehl, fein gemahlen
5 Eier
3 – 4 Eßl. Wasser oder Milch
1 Teel. Salz

Stelle bereit:

1 große Rührschüssel
1 Tasse
1 Kochlöffel
1 Teigrolle
1 Küchenmesser
1 Teigrädchen

So wird's gemacht:

1 Schütte das Mehl in eine große Schüssel. Drücke in die Mitte des Mehls eine Mulde.

2 Schlage die Eier einzeln in einer Tasse auf, gib sie dann in die Mehlmulde. Nimm einen Kochlöffel und verrühre sie mit dem Mehl.

3 Rühre das Wasser oder die Milch und das Salz unter die Mehlmasse.

4 Wenn sich alle Zutaten miteinander verbunden haben, knetest Du den Teig gründlich mit den Händen. Der Teig muß zum Schluß ganz glatt und elastisch sein.

5 Lasse den fertigen Teig 30 Minuten ruhen.

6 Rolle den Teig mit einer Teigrolle auf einem bemehltem Brett oder auf dem Küchentisch möglichst dünn aus.

7 Schneide ihn mit einem scharfen Küchenmesser in ca. 1/2 cm breite Streifen. Du kannst auch Dreiecke oder Rechtecke ausradeln.

8 Die Nudeln müssen jetzt 30 Minuten trocknen. Die getrockneten Nudeln kannst Du ein paar Tage aufheben, wenn Du sie nicht alle sofort verbrauchen kannst.

Tip:

Das Ausrollen des Teiges geht einfacher, wenn Du den Teig vorher in 4 oder 5 Stücke teilst. Du kannst den Teig auch mit verschiedenen Säften (Rote Bete, Spinat) oder mit Safran (gelb) färben. Tausche dann Wasser oder Milch gegen diese Flüssigkeit aus. Achtung! Safran mußt Du erst in wenig lauwarmes Wasser geben, dann entfaltet er sein schönes Gelb.

Spaghetti mit Hackfleischsauce (4 Portionen, Foto)

Dazu benötigst Du:

Für die Sauce:

1 große Zwiebel
250 g Hackfleisch
20 g Butter oder Pflanzenmargarine
3 Eßl. Tomatenmark
125 ml (1/8 l) warmes Wasser
1/4 Teel. Salz
1/4 Teel. Pfeffer, gemahlen
1/4 Teel. Oregano, gerebelt

Zum Kochen der Nudeln:

2 l Wasser
2 Teel. Salz
1/2 Eßl. Speiseöl
250 g Spaghetti
Dazu:
100 g geriebener Käse

Stelle bereit:

1 Schälmesser
1 kleines Küchenbrett
1 Pfanne
1 Pfannenwender
1 Eßlöffel
1 kleine Rührschüssel
1 großen Topf
1 Kochlöffel
1 Haarsieb

So wird's gemacht:

1 Schäle die Zwiebel und schneide sie in kleine Würfel.

2 Gib die Butter oder Pflanzenmargarine in die Pfanne und lasse sie auf dem Herd bei starker Hitze (Stufe 3) schmelzen.

3 Gib das Hackfleisch in das heiße Fett und brate es bei mittlerer Hitze (Stufe 2) von allen Seiten so lange, bis es krümelig geworden ist.

4 Füge die Zwiebelwürfel hinzu und lasse sie glasig werden. Dabei mußt Du die Fleischmischung immer wieder umrühren, damit nichts anbrennt.

5 Verrühre das Tomatenmark mit dem warmen Wasser und gieße es über das Hackfleisch.

6 Jetzt würzt Du die Sauce mit Salz, Pfeffer und Oregano.

7 Lasse die Sauce kurz aufkochen und dann 8 Minuten bei geringer Hitzezufuhr (Stufe 1/2) weitergaren.

8 Fülle in der Zwischenzeit das Wasser zusammen mit dem Salz und dem Öl in einen großen Topf und erhitze es auf Stufe 3 bis es kocht

9 Wenn das Wasser kocht, legst Du die Spaghetti vorsichtig in den Topf. Herausragende Nudeln drückst Du mit dem Kochlöffel unter Wasser.

10 Koche die Spaghetti, bis sie weich sind (etwa 10 Minuten).

11 Schütte die fertigen Nudeln auf ein Haarsieb, spüle sie kurz mit warmem Wasser ab und lasse sie gut abtropfen.

12 Verteile die Nudeln auf Teller und gieße die Fleischsauce darüber. Bestreue sie dann mit geriebenem Käse.

Käsenudeln 1, 2, 3

(4 Portionen)

Dazu benötigst Du:

Zum Kochen der Nudeln:

2 l Wasser
1 Teel. Salz
1 Eßl. Speiseöl
500 g Nudeln (möglichst selbst gemachte)

100 g Butter
250 ml (1/4 l) Schlagsahne
200 g Käse, frisch gerieben
Salz, Pfeffer, gemahlen

Stelle bereit:

1 großen Topf
1 Kochlöffel
1 großes Sieb

So wird's gemacht:

1 Gib das Wasser zusammen mit dem Salz und dem Öl in einen großen Topf und erhitze es auf Stufe 3, bis es kocht.

2 Schütte die Nudeln vorsichtig in das kochende Wasser und rühre sie mit dem Kochlöffel um.

3 Die Nudeln müssen nun bei geringer Hitzezufuhr (Stufe 1/2) etwa 10 Minuten kochen.

4 Schütte sie auf ein Sieb und lasse das Wasser ablaufen (Vorsicht: der Wasserdampf ist sehr heiß, laß Dir eventuell helfen).

5 Fülle die abgetropften Nudeln wieder in den Topf und stelle ihn auf den Herd.

6 Gib die Butter zu den Nudeln und lasse sie schmelzen (Stufe 1).

7 Schütte die Schlagsahne über die Nudeln. Du mußt sie dabei vorsichtig umrühren, damit sie nicht anbrennen.

8 Mische zum Schluß den geriebenen Käse unter die Nudelmasse.

9 Nimm den Topf vom Herd und schmecke die Käsenudeln ab. Eventuell mußt Du sie mit Salz und Pfeffer nachwürzen.

Gemüse

Sicher habt Ihr schon gehört, daß beim Essen die Zusammensetzung der Speisen ganz wichtig ist. Der Körper braucht neben anderen Stoffen auch Vitamine und Mineralstoffe. Sie sorgen z.B. dafür, daß Ihr wachsen könnt und nicht so schnell krank werdet. Viele von ihnen sind in Salat und Gemüse. Im Sommer, wenn Gemüse und Salate frisch geerntet werden, kann man zum Beispiel Möhren, Gurken oder Radieschen prima roh aus der Hand essen. Aber auch als Auflauf oder Eintopf schmeckt Gemüse ganz toll. Schnell noch ein Tip: Gemüse und Salat müßt Ihr vor der Zubereitung waschen. Das solltet Ihr unter fließendem, kaltem Wasser machen, denn in stehendem würden Vitamine und Mineralstoffe ausgeschwemmt und dann in den Abfluß gespült. Da gehören sie ja nun wirklich nicht hin.

Bunter Weißkohlsalat (4 Portionen, Foto)

Dazu benötigst Du:

3 Möhren
1/4 Weißkohl
4 süße Äpfel
1 Tasse Rosinen
8 – 10 Eßl. Orangensaft
3 Eßl. Zironensaft

Stelle bereit:

1 Gemüsebürste
1 Sparschäler
1 Schneidemesser
1 Gemüsereibe
1 Gurkenhobel
Küchenpapier
1 Rührschüssel
1 Kochlöffel

So wird's gemacht:

1 Schneide den Stiel- und Wurzelansatz der Möhren ab. Wasche sie unter fließendem, kaltem Wasser. (Benutze dazu die Gemüsebürste).

2 Schäle die Möhren und rasple sie auf der groben Seite einer Gemüsereibe.

3 Entferne die äußeren Blätter des Weißkohls und hoble ihn auf einem Gurkenhobel in feine Streifen (achte dabei auf Deine Finger, der Weißkohl kann schnell aus der Hand rutschen).

4 Wasche die Äpfel unter fließendem, warmem Wasser und reibe sie mit Küchenpapier trocken . Viertel die Äpfel, schneide das Kerngehäuse heraus und rasple sie mit der Schale auf der groben Seite einer Gemüsereibe.

5 Vermische die Möhren mit dem Weißkohl und den Äpfeln in einer Schüssel.

6 Gib die Rosinen, den Orangensaft und den Zitronensaft dazu und rühre alles gründlich durch.

Tip:

Dieser Salat schmeckt besonders gut. wenn er etwas durchgezogen ist. Verwende doch einmal statt Möhren Orangen. Die Orangen schneidest Du dann in kleine Stückchen und gibst sie zum Salat. Den Orangensaft kannst Du dann weglassen.

Tomaten-Gurken-Schiffchen

(4 Portionen, Foto)

Dazu benötigst Du:

2 Tomaten
1 Salatgurke
8 Zahnstocher

Stelle bereit:

Küchenpapier
1 Sparschäler
1 Küchenmesser
1 Küchenbrettchen

So wird's gemacht:

1 Wasche die Tomaten gründlich, trockne sie ab und viertle sie.

2 Wasche die Salatgurke gründlich, trockne sie ab und schneide 8 dicke Scheiben (Scheibendicke etwa 1/2 cm).

3 Schneide aus jeder Scheibe ein Dreieck.

4 Das Gurkendreieck wird wie ein Segel mit dem Zahnstocher auf dem Tomatenviertel festgesteckt.

Broccolitorte (6 Portionen)

Dazu benötigst Du:

1 Pck. Blätterteig (300 g) tiefgekühlt
Mehl zum Ausrollen des Teiges
1 kg Broccoli (frisch oder tiefgekühlt)
1 l Wasser
1 Teel. Salz
40 g Mandeln, gemahlen
100 g Käse, gerieben (z.B. Gouda)
3 Eier
1 Becher (125 g) saure Sahne
1 Pr. Salz
1 Pr. Pfeffer
1 Pr. Paprika

Stelle bereit:

1 Teigrolle
1 Springform (26 cm Durchmesser)
1 Küchenmesser
1 großen Topf
1 Schaumlöffel
1 Durchschlag
1 Tasse
1 Rührschüssel
1 Schneebesen

So wird's gemacht:

1 Nimm die Blätterteigplatten aus der Packung und lasse sie bei Zimmertemperatur leicht antauen.

2 Bereite in der Zwischenzeit den Broccoli vor. Schneide die einzelnen Stiele ab und entferne welke Blätter. Die Stiele schälst Du von unten nach oben. Anschließend muß der Broccoli gewaschen werden. Tiefkühlbroccoli bereitest Du entsprechend der Aufschrift auf der Packung vor.

3 Gib 1 l Wasser und 1 Teelöffel Salz in einen Topf und erhitze das Wasser bis zum Kochen auf dem Herd bei Stufe 3. In das kochende Salzwasser gibst Du den vorbereiteten Broccoli und garst ihn 15 Minuten bei mittlerer Hitze (Stufe 1 $1/2$). Anschließend nimmst Du den Broccoli mit einem Schaumlöffel aus dem Topf und läßt ihn in einem Durchschlag abtropfen.

4 Rolle die Blätterteigplatten aus. Lege sie auf die mit Mehl bestreute Arbeitsfläche übereinander und rolle sie mit der Teigrolle aus. Lege den Boden der Springform auf den ausgerollten Teig und schneide mit einem Messer am äußeren Rand entlang. Mit dieser runden Teigplatte legst Du dann die Springform aus. Die Teigreste legst Du als Rand in die Springform und drückst sie vorsichtig auf dem Boden fest.

5 Bestreue den Teigboden mit den geriebenen Mandeln und lege den Broccoli darauf.

6 Streue den geriebenen Käse über den Broccoli.

7 Schlage die Eier nacheinander erst in einer Tasse auf (Riechprobe!) und gib sie dann in eine Rührschüssel. Verquirle die Eier mit einem Schneebesen und rühre dann die saure Sahne unter.

8 Würze die Eimasse mit Salz, Pfeffer und Paprika und gieße sie über die Broccolitorte.

9 Backe die Torte nun. 40 Minuten im vorgeheizten Backofen (Strom: etwa 200 Grad / Gas: etwa Stufe 3).

> **Tip:**
>
> Blätterteig solltest Du nicht zusammenkneten, da er sonst nicht mehr aufgeht. Die Teigreste kannst Du aber noch einmal ausrollen, indem Du sie einfach wieder übereinanderlegst.

Eierpilze im Spinatbett (2 Portionen, Foto)

Dazu benötigst Du:

2 Eier
1 Tasse Wasser
300 g Rahmspinat, tiefgekühlt
1 feste Tomate
Mayonnaise aus der Tube

Stelle bereit:

1 Eierpick
2 kleine Töpfe
1 Eßlöffel
1 Teelöffel
Küchenpapier
1 Kochlöffel
1 Schneidemesser

So wird's gemacht:

1 Bringe das Wasser in einem kleinen Topf auf dem Herd (Stufe 3) zum Kochen

2 Stich die Eier an der stumpfen Seite mit einem Eierpick an, damit durch das kleine Loch beim Kochen Luft entweichen kann und die Eier nicht platzen.

3 Lege die Eier mit einem Löffel vorsichtig in das kochende Wasser und koche sie bei geringer Hitzezufuhr (Stufe 1/2) 10 Minuten.

4 Gib in der Zwischenzeit den tiefgekühlten Spinat in den zweiten Topf und lasse ihn bei schwacher Hitze auftauen. Beachte dabei die genaue Anleitung auf der Spinatpackung.

5 Nimm den Topf mit den Eiern vom Herd und spüle sie kuz mit kaltem Wasser ab (das nennt man abschrecken). Pelle die Eier und schneide am stumpfen Ende eine Scheibe ab, so bleiben die Eier besser stehen.

6 Wasche die Tomate unter fließendem, kaltem Wasser ab, trockne sie mit Küchenpapier ab und schneide sie in zwei Hälften.

7 Mit einem Teelöffel höhlst Du die Tomatenhälften aus und setzt sie wie einen Hut auf die Eier.

8 Verteile den fertigen Spinat auf zwei Teller und setze die Eierpilze jeweils in die Mitte.

9 Verziere die Pilze noch mit Mayonnaisetupfen, damit sie wie "Fliegenpilze" aussehen.

Obst

Das ganze Jahr über kann man sich bei uns an den herrlichsten Früchten sattessen. Von den Apfelsinen im Winter bis zu den Äpfeln im Herbst. Klar, daß es bei soviel Auswahl jede Menge Koch- und Backrezepte mit Obst gibt. Nicht nur wegen des tollen Geschmacks, sondern auch, weil Obst – genau wie Gemüse – viele Vitamine und Mineralstoffe enthält. Außerdem braucht man bei der Zubereitung so gut wie keinen Zucker. (Worüber sich bestimmt Eure Zähne freuen.) Wo es geht, zum Beispiel bei Äpfeln, solltet Ihr das Obst mitsamt der Schale essen – zuvor aber heiß abwaschen! Unter der Schale befindet sich das, was Obst so gesund macht. Und wenn Ihr jetzt richtig Appetit habt, dann lest schnell weiter!

Knusprige Apfelspeise (4 Portionen, Foto)

Dazu benötigst Du:

1 Eßl. Butter
1 Eßl. kernige Haferflocken
250 ml (1/4 l) Schlagsahne
400 g Äpfel
100 g gehackte Mandeln
2 Teel. Honig
1 Pr. Zimt, gemahlen

Stelle bereit:

1 Pfanne
1 Pfannenwender
1 flachen Teller
1 Handrührgerät mit Rührbesen
Küchenpapier
1 Messer
1 Gemüsereibe
1 Kochlöffel

So wird's gemacht:

1 Laß die Butter in einer Pfanne auf dem Herd bei mittlerer Hitze (Stufe 2) schmelzen.

2 Gib die Haferflocken zur geschmolzenen Butter und röste sie knusprig. Dabei mußt Du die Haferflocken ständig umrühren, da sie sonst anbrennen. Die goldbraun gerösteten Haferflocken schüttest Du zum Abkühlen auf einen Teller.

3 Fülle die Schlagsahne in eine Schüssel und schlage sie mit dem Handrührgerät steif.

4 Wasche die Äpfel unter fließendem, heißem Wasser und reibe sie mit Küchenpapier trocken.

5 Viertel die gewaschenen Äpfel und schneide das Kerngehäuse heraus. Die Apfelviertel werden auf einer Gemüsereibe grob geraspelt, zur Schlagsahne gegeben und vorsichtig untergehoben.

6 Gib die gehackten Mandeln zur Apfelspeise und hebe sie abenfalls vorsichtig unter.

7 Die Apfelspeise wird mit Honig und Zimt abgeschmeckt.

8 Schichte nun die Apfelspeise mit den gerösteten Haferflocken in eine Schüssel. Die knusprige Apfelspeise mußt Du sofort servieren, da die Haferflocken sonst weich werden.

Obstsalat
(2 Portionen)

Dazu benötigst Du:

1 Orange
1 Banane
1 Apfel
1 Teel. Zitronensaft
1 Eßl. Zucker oder Honig

Stelle bereit:

1 Küchenmesser
1 Sparschäler
1 Küchenbrett
1 Schüssel
1 Löffel

So wird's gemacht:

1 Schäle die Orange, teile sie in Spalten und schneide die Orangenspalten in Stücke. Gib die Orangenstücke in die Schüssel.

2 Schäle die Banane und halbiere sie der Länge nach. Die Bananenhälfte schneidest Du dann iün Scheiben, legst sie in die Schüssel und mischt sie vorsichtig mit den orangenstückchen.

3 Wasche den Apfel, schäle ihn, schneide ihn in Achtel und entferne das Kerngehäuse. Schneide die Apfelstücke in feine Streifen und gib sie ebenfalls in die Schüssel.

4 Gieße den Zitronensaft über das Obst, damit die Bananen und die Äpfel nicht braun werden.

5 Füge den Zucker oder Honig zu und vermische alles. Dann probierst Du, ob der Obstsalat süß genug ist.

Tip:

Zur Abwechslung kannst Du auch eine Handvoll Weintrauben, eine Birne oder entsteinte Kirschen in den Obstsalat geben. Auch mit Pfirsich statt Orangen schmeckt der Obstsalat prima.

Apfelsuppe mit Kiwis (4 – 6 Portionen, Foto)

Dazu benötigst Du:

500 g Äpfel
500 ml (1/2 l)Wasser
1 Eßl. Speisestärke
3 Eßl. Wasser
50 g Zucker
Saft von 1 Zitrone
4 Kiwifrüchte

Stelle bereit:

1 Messer
1 Küchenbrett
1 mittelgroßen Topf mit Deckel
1 Haarsieb
1 Löffel
1 Litermaß
1 Tasse
1 kleinen Schneebesen

So wird's gemacht:

1 Wasche die Äpfel unter fließendem, heißem Wasser, viertele und entkerne sie.

2 Gib die Äpfel und 1/2 l Wasser in einen Topf und dünste sie bei mittlerer Hitze (Stufe 1 1/2) im geschlossenen Topf weich.

3 Lege ein Haarsieb auf ein Litermaß, fülle die gedünsteten Äpfel ein und streiche sie mit einem Löffel durch das Sieb.

4 Nun schau nach, wieviel Apfelmus Du übrig behalten hast. Wenn es weniger als 1 Liter Apfelmus ist, füllst Du es mit Wasser auf, bis Du 1 Liter erhältst.

5 Gieße die Apfelsuppe zurück in den Topf und bringe sie auf dem Herd brei höchster Stufe zum Kochen (Vorsicht: Die Apfelsuppe kann spritzen!)

6 Verrühre die Speisestärke mit 3 Eßlöffeln kaltem Wasser in einer Tasse und gib sie in die kochende Suppe. Nun mußt Du sie kräftig durchrühren, damit keine Klumpen entstehen. Wenn die Apfelsuppe einmal aufgekocht ist, kannst Du sie vom Herd nehmen (Ofen ausschalten nicht vergessen!).

7 Gib den Zucker und den Zitronensaft zur Apfelsuppe und schmecke sie ab.

8 Schäle die Kiwifrüchte und schneide sie in Scheiben. Die Kiwischeiben legst Du in die fertige Suppe und rührst alles noch einmal vorsichtig um. Die Apfel-Kiwi-Suppe kannst Du heiß, aber auch kalt servieren.

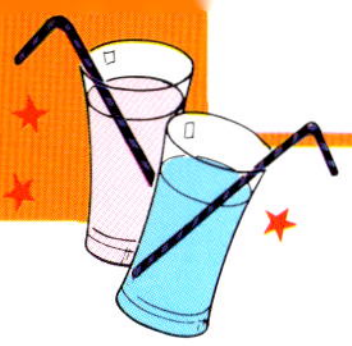

Findet Ihr das auch so langweilig, wenn Ihr irgendwo zu Besuch seid und nur Limo, Kakao oder Cola zu trinken bekommt? Dabei ist es ganz einfach, seinen Gästen richtig tolle Mixgetränke anzubieten. Die sehen genauso aus wie die, die man den Erwachsenen in einer Bar serviert. Ob Ihr Shakes, Flips, einen Punsch oder eine Bowle machen wollt - Eurer Phantasie sind keine Grenzen gesetzt. Nicht nur was die Zutaten angeht, auch bei der Dekoration könnt Ihr Euch die tollsten Ideen einfallen lassen. Ein paar Vorschläge hierfür findet Ihr auf den folgenden Seiten. Laßt Euch überraschen. Wir sagen auf alle Fälle schon einmal »Prost«!

Ananas-Joghurt-Shake

(1 Portion, Foto)

Dazu benötigst Du:

2 Scheiben Ananas (aus der Dose)
1 Teel. Zitronsaft
1 Teel. Zucker
2 Eßl. Vanilleeis
150 g (1 Becher) Joghurt
2 Eßl. Schlagsahne, steif geschlagen.

Stelle bereit:

1 Handrührgerät
1 hohe Rührschüssel
1 Schneebesen
1 Glas
Trinkhalme

So wird's gemacht:

1 Gib die Ananasscheiben, den Zitronensaft und den Zucker in eine hohe Schüssel und püriere die Zutaten.

2 Rühre das Vanilleeis und den Joghurt kräftig unter die Ananasmasse.

3 Hebe die steifgeschlagene Schlagsahne zum Schluß vorsichtig unter den Joghurt-Shake.

4 Gieße das Getränk sofort in ein hohes Glas und serviere es mit einem dicken Trinkhalm.

Kinderpunsch (6 Portionen, Foto)

Dazu benötigst Du:

2 l Obstsaft, z.B. Apfel-Kirsch- oder Orangensaft
1 Eßl. Honig
1/2 Teel. Zimt, gemahlen
1 Msp. Nelken, gemahlen
2 Eßl. Zitronensaft

Stelle bereit:

1 Kochtopf
1 Kochlöffel
6 Tassen oder hitzebeständige Gläser.

So wird's gemacht:

1 Gieße den Saft in einen Topf und erhitze ihn langsam auf Stufe 2.

2 Beginnt der Saft zu kochen, nimm den Topf sofort von der Herdplatte.

3 Gib den Honig, die Gewürze und den Zitronensaft dazu und laß den Punsch kurz ziehen (etwa 5 Minuten).

4 Zum Schluß schmeckst Du den Punsch ab und verteilst ihn in Tassen oder hitzebeständige Gläser.

Aprikosen-Flip (4 Portionen, Foto)

Das benötigst Du:

$^{1}/_{2}$ Dose Aprikosen
500 ml ($^{1}/_{2}$ l) Buttermilch

Stelle bereit:

1 große, hohe Rührschüssel
1 Handrührgerät mit Schnellmixstab
1 Schneebesen

So wird's gemacht:

1 Gib die Aprikosen mit dem Saft in eine Schüssel und püriere sie mit dem Pürierstab des Handrührgerätes.

2 Gieße die Buttermilch dazu und rühre alles gut durch.

3 Stelle den Aprikosen-Flip für eine halbe Stunde in den Kühlschrank und fülle das Getränk dann in Gläser.

Tip:

Wie bei den anderen Rezepten, kannst Du natürlich auch hier verschiedene Obstsorten verwenden.

Teelimonade (6 Portionen, Foto)

Dazu benötigst Du:

1 l Hagebuttentee
1 l Johannisbeersaft oder Johannisbeernektar
500 ml (1/2 l) Mineralwasser
1 Eßl. Zitronensaft
Eiswürfel

Stelle bereit:

1 große Schüssel oder
1 großen Glaskrug
1 Kochlöffel

So wird's gemacht:

1 Mische den Hagebuttentee, den Johannisbeersaft und das Mineralwasser in einer großen Schüssel oder in einem Glaskrug.

2 Gib den Zitronensaft und die Eiswürfel dazu und schmecke die Teelimonade ab.

Tip:

Verwende den Hagebuttentee, den Johannisbeersaft und das Mineralwasser gut gekühlt. Die Limonade schmeckt dann besonders gut.

Prickelnde Orangenbowle (4 Portionen, Foto)

Dazu benötigst Du:

4 Orangen
1 l Apfelsaft
0,3 l Mineralwasser

Stelle bereit:

1 Küchenbrett
1 Schälmesser
1 Glaskrug

So wird's gemacht:

1 Schäle die Orangen und teile sie in Spalten. Die Spalten schneidest Du auf einem Brett in kleine Stücke.

2 Fülle die Orangenstücke in einen Glaskrug und stelle ihn für 15 Minuten in den Kühlschrank.

3 Gieße den Apfelsaft und das Mineralwasser dazu und rühre alles gut um.

Tip:
Der Apfelsaft und das Mineralwasser sollten gut gekühlt sein, damit die Bowle schön kalt und erfrischend ist. Wenn es draußen besonders warm ist, kannst Du auch noch ein paar Eiswürfel zugeben, oder gib in jedes Glas ein Stück Vanilleeis.

Bananen-Mix-Milch (4 Portionen, Foto)

Dazu benötigst Du:

2 Bananen
2 Eßl. Zitronensaft
1 l Milch
1 Pck. Vanillinzucker

Stelle bereit:

1 Küchenbrett
1 Messer
1 Mixer oder 1 Handrührgerät mit Schnellmixstab
oder
1 Gabel

So wird's gemacht:

1 Streife die Bananenschale ab und schneide die Bananen klein.

2 Fülle die Bananenstücke und den Zitronensaft in einen Mixer und püriere sie.

3 Dann gibst Du die Milch und den Vanillinzucker dazu und pürierst alles noch einmal.

Tip:
Es müssen nicht immer Bananen sein!
Probier dieses Rezept doch 'mal mit anderen Früchten aus (z. B. Erdbeeren, Blaubeeren, Himbeeren usw.). Für das Foto haben wir übrigens eine Erdbeer-Mix-Milch zubereitet.

Selbstgemachte Mohrenköpfe

(12 Stück)

Die einen sagen, sie heißen Schokoladenköpfe. Die anderen, so wie Max, sagen: »man, sind die dick!« Und Euer Fritz sagt: »Egal, wie sie heißen – sie schmecken riesig gut.« Besonders, wenn sie selbstgemacht sind. Probiert es mal aus!

Dazu brauchst Du:

Für Teig und Füllung

4 Eier
1 Päckchen Vanillin-Zucker
125 g Zucker
100 g Weizenmehl
25 g Speisestärke Gustin
1 Messerspitze Backpulver Backin
1 Päckchen Citro-back
100 g Nußnougat
Fett für die Form

Zum Garnieren

100 g Halbbitter-Kuvertüre
1 Tube Fondant-Glasur, Zitronen-Geschmack
Zucker-Streusel
Zuckerschrift
Zuckerblümchen
Gebäck-Schmuck
Schokoladen-Dekor-Herzen

So wird's gemacht:

Für den Teig schlage die Eier auf und gib sie in eine Rührschüssel. Schlage sie schaumig und laß dabei nach und nach Zucker, Vanillin-Zucker und Citro-back einrieseln. Mische das Mehl mit Gustin und Backin, sieb alles auf die Eiermasse und rühre dabei langsam weiter.

Fette die Mohrenkopf-Formen gut aus und fülle sie bis zu etwa ⅔ mit Teig. Stelle die Formen auf ein Backblech und schieb es in den vorgeheizten Backofen.

Backofen-Einstellung

Ober- und Unterhitze:	200 Grad C
Heißluft:	180 Grad C
Gas:	Stufe 3
Backzeit:	Etwa 15 Minuten

Löse die gebackenen Mohrenköpfe aus der Form und laß sie auf einem Kuchenrost erkalten. Schneide sie dann im unteren Drittel durch.

Für die Füllung gib die Nußnougatmasse in einen kleinen Stieltopf, setze diesen in einen größeren Topf mit heißem Wasser und laß die Nußnougatmasse schmelzen. Bestreiche die unteren Mohrenkopfteile damit und setze jeweils den oberen Teil darauf.

Zum Garnieren laß die Kuvertüre im heißen Wasserbad schmelzen (wie die Nußnougatmasse). Bestreiche die Hälfte der Mohrenköpfe mit der aufgelösten Kuvertüre und die restlichen mit der Fondant-Glasur Zitrone.

Verziere die Mohrenköpfe mit Zucker-Streusel, Zuckerschrift, Zuckerblümchen, Gebäck-Schmuck und Schokoladen-Dekor-Herzen.

Stelle bereit:

1 Rührschüssel
1 Rührlöffel oder
1 elektrisches Handrührgerät
Mohrenkopf-Formen oder siehe Tip
1 Teigkarte
Backblech
1 Kuchenrost
2 kleine und
2 etwas größere Stieltöpfe
1 Pinsel

Tip:
Mohrenkopf-Formen selbstgefertigt: Dazu schneidest Du Stücke von Alufolie extrastark und drückst sie über einer runden Tasse zur gewünschten Form. Es gibt aber auch Mohrenkopf-Formen im Fachhandel zu kaufen.

Karneval-Köpfe (10 Stück)

Seid Ihr schon einmal auf die Idee gekommen, zur Faschingszeit auch Eure Kekse zu maskieren? »Die sehen ja witzig aus!« Ruft Fritz begeistert, als Katrins Kekse plötzlich lustige Karneval-Gesichter haben!

Dazu brauchst Du:

Für den Teig

2 Eiweiß
100g Zucker
½ Fläschchen Butter-Vanille-Aroma
100g Weizenmehl
25g Speisestärke Gustin
½ gestrichenen Teel. Backpulver Backin
2 Eigelb

Zum Füllen

125g Nußnougat oder
½ Päckchen Cremetorten-Hilfe Vanille-Geschmack (70g)
150ml Milch
100g weiche Butter

Zum Garnieren

1 Päckchen Feine Marzipan-Rohmasse
Back- und Speisefarben „Farbenfreude“
1 Tube Fondant-Glasur, Vanille-Geschmack
Zuckerschrift
100g Puderzucker

So wird's gemacht:

Zeichne mit Hilfe eines Glases Kreise von etwa 6 cm Durchmesser auf Backpapier und lege das Papier auf ein Backblech. Für den Teig schlage das Eiweiß sehr steif und laß dabei langsam den Zucker einrieseln. Rühr dann das Butter-Vanille-Aroma unter. Mische das Mehl mit Gustin und Backin und siebe es auf das steifgeschlagene Eiweiß. Füge das Eigelb hinzu und verrühre alles vorsichtig miteinander. Fülle den Teig in einen Spritzbeutel mit Lochtülle und spritze ihn in die gezeichneten Kreise.

Schieb das Backblech in den vorgeheizten Backofen und laß die Teigkreise hellbraun backen.

Backofen-Einstellung:

Ober- und Unterhitze:	200 Grad C
Heißluft:	180 Grad C
Gas:	Stufe 3–4
Backzeit:	10–12 Min.

Laß die gebackenen, vom Backpapier gelösten Kreise auf einem Kuchenrost erkalten.
Für die Füllung gib die Nußnougatmasse in einen kleinen Stieltopf, setze diesen in einen größeren Topf mit heißem Wasser und laß die Nußnougatmasse schmelzen. Oder bereite aus der Cremetorten-Hilfe mit Milch und Butter nach der Vorschrift auf der Packung eine Vanillecreme. Bestreiche die Hälfte der gebackenen Kreise auf der Unterseite mit Nußnougatmasse oder Vanillecreme.

Zum Garnieren verknete die Marzipan-Rohmasse und den Puderzucker und teile das Marzipan in fünf Teile. Färbe mit den Speisefarben je einen Teil gelb, grün, rot und lila (aus den Farben rot und blau) und

verknete die gefärbten Marzipanteile zu Kugeln. Forme rote Zungen und lege sie auf die Füllung. Nun färbe die Fondant-Glasur verschieden ein und bestreiche die restlichen Kreise damit auf der Oberseite und setze sie auf die Füllung. Für die Haare drücke Stückchen von Marzipan durch eine Knoblauchpresse. Schneide Marzipanstreifen und forme sie zu Schleifen. Für Augen und Nase forme kleine Kugeln, halbiere sie und setze sie in die Fondantmasse.

Stelle bereit:

1 Glas (Durchmesser etwa 6cm)
1 Bleistift
1 Backblech, Backpapier
1 Rührschüssel
1 Rührlöffel oder
1 elektrisches Handrührgerät
1 Teigschaber
1 Kuchenrost
1 kleinen und
1 größeren Stieltopf
1 Knoblauchpresse
1 Pinsel

Tip:
Bevor Du mit dem Backen beginnst, stelle Dir alle Zutaten, die Du benötigst, auf ein Tablett in greifbare Nähe.

Schoko-Früchte

Meine Mutter hat immer gesagt: »Fritz« hat sie gesagt, »iß mehr Obst. Das ist gesund« Na – und Euer Fritz, dieses Früchtchen, hat sich etwas ausgedacht, was Obst besonders lecker macht!

Dazu brauchst Du:

Weintrauben
Apfelsinenscheiben
geschälte, gedünstete Äpfel
Birnenviertel
Rhabarberstücke
Erdbeeren
kandierte Früchte
Kräuterblätter
1 Block Vollmilch- oder Halbbitter-Kuvertüre
Cellophanpapier/
Schleifenband

So wird's gemacht:

Lege die gewaschenen oder gedünsteten Früchte auf Küchenpapier und tupfe sie trocken.
Schneide die Kuvertüre in Stücke, gib sie in einen kleinen Topf, setze diesen in einen größeren Topf mit heißem Wasser und laß die Kuvertüre schmelzen. Tauche die Früchte mit Hilfe eines Holzstäbchens in die aufgelöste Kuvertüre und lege die Früchte zum Trocknen auf einen Kuchenrost.

Zum Verschenken kannst Du die Schokoladenfrüchte in Glas-, Porzellan- oder kleinen Geschenkkartons anordnen. Nun noch in Cellophanpapier einwickeln und mit Schleifenband zubinden.

Stelle bereit:

1 kleineren und
1 etwas größeren Topf
1 Messer
1 Kuchenrost
Holzspieße

Lieber Augustin

Dazu brauchst Du:

Für den Teig
250g Butter
250g Zucker
2 Päckchen Vanillin-Zucker
4 Eier
1 Prise Salz
400g Weizenmehl
3 gestrichene Teel. Backpulver Backin
125ml (1/8 l) Milch

Für den Guß und zum Garnieren:
1 Tube Fondant-Glasur, Zitronen-Geschmack
Back- und Speisefarbe „Farbenfreude“
Gebäck-Schmuck
Zuckerschrift
Papier-Schleifenband
kleine Luftballons
farbiges Dekorationspapier

So wird's gemacht:
Für den Teig rühre die Butter geschmeidig und füge nach und nach Zucker, Vanillin-Zucker, Eier und Salz hinzu. Mische und siebe das Mehl mit Backin und rühre es abwechselnd mit der Milch eßlöffelweise unter.
Fülle den Teig in eine gefettete Backmännchenform und schiebe die Form auf dem Backofenrost in den vorgeheizten Backofen.

Backofen-Einstellung
Ober- und Unterhitze: 175-200 Grad C
Heißluft: 150-170 Grad C
Gas: Stufe 3–4
Backzeit: Etwa 1 Stunde

Löse das gebackene Männchen vorsichtig aus der Form und laß es auf einem Kuchenrost erkalten.
Für den Guß teile die Fondant-Glasur in zwei Portionen und färbe sie mit den Backfarben beliebig ein. Bestreiche den Augustin damit nach dem Vorbild auf dem Foto und garniere ihn mit Zuckerschrift und Gebäck-Schmuck.
Klebe das Papierschleifenband geringelt rechts und links als Haare an die Mütze. Aus dem Dekorationspapier schneide Fliege und Füße für den Augustin und klebe sie mit Zuckerschrift oder Fondant-Glasur an.

Stelle bereit:
1 Rührschüssel
1 Rührlöffel oder
1 elektrisches Handrührgerät
1 Mehlsieb
1 Eßlöffel
1 Backmännchen-Form
1 Kuchenrost
2 kleine Schüsseln
1 Pinsel
1 Schere

Schwarze und weiße Schäfchen

Angeblich soll man prima einschlafen können, wenn man Schäfchen zählt. Aber Ihr werdet zu Ostern hellwach und sofort mit dabei sein, wenn es darum geht, Schäfchen zu backen. Und das klappt schon beim ersten Versuch.

Dazu brauchst Du:

Für den Teig

125g weiche Butter
125g Zucker
1 Päckchen Vanillin-Zucker
5 Tropfen Backöl Zitrone
1 Prise Salz
2 Eier
125g Weizenmehl
Semmelmehl

Zum Garnieren

helles Lamm:
150g Puderzucker
1–2 Eßl. heißes Wasser
30g Kokosraspeln

oder dunkles Lamm:
1 Tube Fondant-Glasur Schokoladen-Geschmack
Schokoladen-Streusel
Schleifenband
kleine Glöckchen

So wird's gemacht:

Für den Teig rühre die Butter geschmeidig und laß dabei nach und nach Zucker und Vanillin-Zucker einrieseln. Füge das Backöl Zitrone und etwas Salz hinzu und rühre nach und nach die Eier unter. Zum Schluß füge unter Rühren eßlöffelweise das gesiebte Mehl hinzu. Fülle den Teig in eine gefettete, mit Semmelmehl ausgestreute Lämmchen-Form und schiebe die Form auf dem Rost in den vorgeheizten Backofen.

Backofen-Einstellung

Ober- und Unterhitze:	175-200 Grad C
Heißluft:	160-180 Grad C
Gas:	Stufe 2-3
Backzeit:	35-45 Minuten

Löse das gebackene Lamm aus der Form und laß es auf einen Kuchenrost erkalten.
Zum Garnieren des hellen Lammes siebe den Puderzucker und verrühre ihn mit dem heißen Wasser zu einer dickflüssigen Masse. Bestreiche das erkaltete Lamm damit gleichmäßig und bestreue es mit Kokosraspeln. Binde dem

Lämmchen eine Schleife mit einem kleinen Glöckchen um den Hals.
Zum Garnieren des dunklen Lammes bestreiche es gleichmäßig mit der Fondant-Glasur und bestreue es ganz mit Schokoladen-Streuseln. Binde dem Lamm eine Schleife mit Glöckchen um.

Stelle bereit:
1 Rührschüssel
1 Mehlsieb
1 Rührlöffel oder
1 elektrisches Handrührgerät
1 Lamm-Form (Inhalt etwa 750 ml (3/4 l)
1 Kuchenrost
1 kleinen Topf
1 Pinsel

Der kleine Osterbäcker und Osternester (6 Stück)

Seitdem Fritz weiß, daß bis Ostern sämtliche Hasen mit den Nerven zu Fuß und völlig geschafft sind, hat er mit Max dafür gesorgt, daß die armen Hasen entlastet werden, jawohl! Durch pfiffige kleine Osterbäcker! »Die helfen den Hasen, so gut es geht, weil ein Osterbäcker davon 'was versteht.« Also, probiert's doch mal aus…

Dazu brauchst Du:

Für den Teig

400g Weizenvollkornmehl
1 Päckchen Trockenbackhefe
1 gestrichenen Teel. Salz
50g zerlassene, abgekühlte Butter
200ml lauwarme Milch
1 Eigelb
1–2 Eßl. Milch

Zum Garnieren

1 Tube Fondant-Glasur, Vanille oder Zitronen-Geschmack
Back- und Speisefarben „Farbenfreude“
Zuckerschrift
bunte Zuckereier
gefärbte Hühnereier

So wird's gemacht:

Für den Teig gib das Mehl in eine Schüssel und vermische es sorgfältig mit der Hefe. Füge Salz, Butter und Milch hinzu und verrühre die Zutaten mit dem elektrischen Handrührgerät mit Knethaken gut miteinander. Verknete sie anschließend auf der Tischplatte zu einem glatten Teig. Laß den Teig abgedeckt bei Zimmertemperatur so lange stehen, bis er sich sichtbar vergrößert hat.

Rolle den Teig etwa 1 cm dick aus. Zeichne auf bunten Karton einen Osterbäcker wie auf dem Bild, schneide die Figur aus und lege sie auf ein mit Backpapier belegtes Backblech. Forme nun das Körbchen

und hänge es an den Arm des Osterbäckers. Teile den restlichen Teig in sechs Teile und forme Rollen von jeweils 50 cm Länge. Halbiere die Rollen, schlinge immer zwei Hälften umeinander

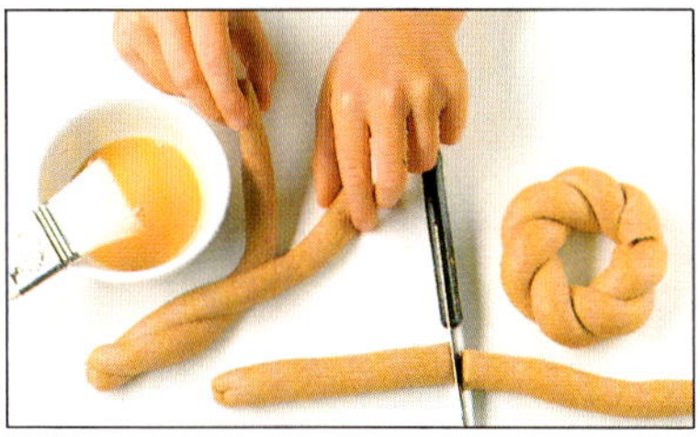

und lege sie zu Kränzen auf das Backblech. Verschlage Eigelb mit Milch (1–2 Eßl.) und bestreiche den Osterbäcker und die Kränze damit. Laß die Motive auf dem Backblech so lange an einem warmen Ort gehen, bis sie sich sichtbar vergrößert haben.
Schiebe das Backblech in den vorgeheizten Backofen.

Backofen-Einstellung:

Ober- und Unterhitze:	175-200 Grad C
Heißluft:	160-180 Grad C
Gas:	Stufe 3-4
Backzeit:	15-20 Minuten

Laß die gebackenen Motive auf einem Kuchenrost erkalten.
Zum Garnieren des Osterbäckers drücke die Fondant-Glasur aus der Tube und färbe sie beliebig mit den Backfarben ein.
Streiche dem Osterbäcker Bluse und Hose wie auf dem Foto und verziere ihn beliebig mit Zuckerschrift.
Schneide und forme aus einer Serviette eine Bäkkermütze

und klebe sie ebenfalls mit Fondant auf den Osterbäkkerkopf.
Drücke in die Mitte der Osternester die bunten Hühnereier.

Stelle bereit:

1 Rührschüssel
1 elektrisches Handrührgerät
1 Bleistift
1 Schere
1 Messer
1 Backblech/Backpapier
1 Kuchenrost
2–3 kleine Schüsseln
1 Pinsel

Ein Herz für Mutti

Was haltet Ihr davon, Mutti mit selbstgebackenen Muttertags-Herzen zu überraschen? Kleiner Tip von Fritz: Damit die Überraschung auch eine bleibt, backt Ihr die Herzen am besten bei der Oma oder der Tante.

Dazu brauchst Du:

Für den Teig

250g Weizenmehl
1 gestrichenen Teel. Backpulver Backin
100g Zucker
1 Päckchen Vanillin-Zucker
1 Prise Salz
175g weiche Butter
75g Mandeln, gemahlen

Für den Guß und zum Garnieren

1–2 Tuben Fondant-Glasur, Zitronen-Geschmack
Back- und Speisefarben „Farbenfreude"
Zuckerblümchen
Zuckerschrift
Gebäck-Schmuck

So wird's gemacht:

Für den Teig mische das Mehl mit Backin und siebe es in eine Schüssel.
Füge Zucker, Vanillin-Zucker, Salz, Butter und Mandeln hinzu und verrühre alle Zutaten mit dem elektrischen Handrührgerät mit Knethaken gut miteinander. Verknete sie anschließend auf der Tischplatte zu einem glatten Teig.
Stelle ihn etwa eine halbe Stunde in den Kühlschrank.
Rolle den Teig für das große Herz etwa 1 cm dick aus und für die kleinen Herzen etwa ½ cm dick.
Schneide das große Herz mit Hilfe der Schablone aus. Dafür legst Du Pergamentpapier auf das im Buch abgebildete Herz, zeichnest die Umrisse ab und schneidest die Schablone aus.
Die kleinen Herzen stichst Du mit Ausstechförmchen aus.

Lege die Herzen auf ein mit Backpapier ausgelegtes Backblech und schieb es in den vorgeheizten Backofen.

Backofen-Einstellung

Ober- und Unterhitze: 175-200 Grad C
Heißluft: 150-175 Grad C
Gas: Stufe 2-3
Backzeit: 10 Minuten

Laß die goldbraun gebackenen Herzen auf einem Kuchenrost erkalten.

Für den Guß teile den Inhalt aus einer Tube Fondant-Glasur in Portionen und färbe sie mit den Back- und Speisefarben verschieden ein.

Bestreiche die Herzen damit und garniere sie mit Zuckerblümchen, Zuckerschrift und Gebäck-Schmuck.

Stelle bereit:

1 Rührschüssel
1 Mehlsieb
1 elektrisches
  Handrührgerät
1 Teigrolle
  Ausstechförmchen
1 Backblech/Backpapier
1 Kuchenrost
1 kleine Schüssel
1 Pinsel

Lachende Erdbeer-Törtchen

Leute, Euer Fritz kriegt jeden zum Lachen. Und wenn es ein Erdbeer-Törtchen ist. Denn wie singt Katrin immer so schön:»Ich zauber auch Törtchen ein lachend' Gesicht, denn traurige Törtchen, die gibt es nicht!«

Dazu brauchst Du:

Für den Teig
75g weiche Butter
75g Zucker
1 Päckchen
Vanillin-Zucker
2 Eier, 1 Prise Salz
150g Weizenmehl
1 gestrichenen Teel.
Backpulver Backin
2 Eßl. Milch

Für den Belag und zum Verzieren
750g Erdbeeren, Zucker
1 Päckchen
Tortenguß, rot
1 gut gehäuften
Eßl. Zucker
geschlagene Sahne
Haselnuß-Krokant
Gebäck-Schmuck

So wird's gemacht:

Für den Teig rühre die Butter geschmeidig und füge nach und nach Zucker, Vanillin-Zucker, Eier und Salz hinzu. Mische und siebe das Mehl mit Backin und rühre es abwechselnd mit der Milch eßlöffelweise unter. Verwende nur so viel Milch, daß der Teig schwerreißend vom Löffel fällt.

Fülle den Teig in Tortelettförmchen. Stelle die Förmchen auf den Backofenrost oder auf ein Backblech und schieb sie in den vorgeheizten Backofen.

Backofen-Einstellung

Ober- und Unterhitze:	175-200 Grad C
Heißluft:	150-170 Grad C
Gas:	Stufe 3-4
Backzeit:	20-25 Minuten

Löse die gebackenen Torteletts aus den Förmchen und laß sie auf einem Kuchenrost erkalten.
Für den Belag wasche und entstiele die Erdbeeren und laß sie gut abtropfen. Bestreue sie mit Zucker und laß sie einige Zeit stehen. Wenn die Früchte genügend Saft gezogen haben, laß sie gut abtropfen. Miß von dem Saft 250ml (¼ l) ab, ergänze ihn wenn nötig mit Wasser.
Verteile die Erdbeeren gleichmäßig auf die Torteletts.
Bereite mit dem abgemessenen Saft, dem Eßlöffel Zucker, dem Inhalt aus einem Päckchen Tortenguß-Pulver nach der Vorschrift auf dem Päckchen einen Tortenguß zu und verteile ihn gleichmäßig auf den Erdbeeren. Laß ihn fest werden.
Zum Verzieren gib die geschlagene Sahne in einen Spritzbeutel und spritze die Augen, Nase und Mund auf die kleinen Torten.
Zum Schluß garnierst Du sie mit Regenbogen-Zukker und Gebäck-Schmuck.

Stelle bereit:
1 Schüssel
1 Rührlöffel oder
1 elektrisches Handrührgerät
1 Mehlsieb
1 Eßlöffel
Tortelettförmchen
1 kleinen Topf
1 Messer
1 Spritzbeutel mit Lochtülle

Amerikaner

Fritz fragt Euch ganz klar: Was ist der Unterschied zwischen einem Engländer und einem Amerikaner? Ist doch ganz einfach: Engländer nennt man auch »Schraubenschlüssel« und die gehören in den Werkzeugkasten, aber Amerikaner gebacken, die kann man essen – und die gehören in Euren Bauch! Lecker!

Stelle bereit:

1 Rührschüssel
1 Rührlöffel oder
1 elektrisches Handrührgerät
2 Eßlöffel
1 Backblech
1 Kuchenrost
1 kleinen Topf
1 Pinsel

Dazu brauchst Du:

Für den Teig

100g weiche Butter
100g Zucker
1 Päckchen Vanillin-Zucker
2 Eier
1 Prise Salz
1 Päckchen Pudding-Pulver Vanille-Geschmack
3 Eßl. Milch
250g Weizenmehl
3 gestrichene Teel. Backpulver Backin

Für den Guß

1 Beutel Kuchenglasur, hell
1 Beutel Kuchenglasur, dunkel

Zum Garnieren

Gebäck-Schmuck
Zuckerschrift
Zuckerblümchen
Belegkirschen, bunt

So wird's gemacht:

Für den Teig rühre die Butter geschmeidig und füge nach und nach Zucker, Vanillin-Zucker, Eier und Salz hinzu. Rühre das Pudding-Pulver und die Milch unter. Mische und siebe das Mehl mit Backin und rühre es eßlöffelweise unter. Setze mit Hilfe von zwei Eßlöffeln Teighäufchen auf ein gefettetes Backblech und schiebe es in den vorgeheizten Backofen.

Backofen-Einstellung

Ober- und Unterhitze: 175-200 Grad C
Heißluft: 150-170 Grad C
Gas: Stufe 3-4
Backzeit: 15-20 Minuten

Laß die gebackenen Amerikaner auf einem Kuchenrost erkalten. Für den Guß erwärme die beiden Beutel Kuchenglasur in einem Topf mit heißem Wasser. Schneide die Beutel am oberen Ende auf und bestreiche die Hälfte der Amerikaner mit der dunklen Kuchenglasur und den Rest mit der hellen Kuchenglasur. Garniere die Amerikaner beliebig mit Gebäck-Schmuck, Zuckerblümchen und Belegkirschen oder bemale sie mit Zuckerschrift.

Keks-Burger (7 Stück)

Leute, Leute – was jetzt kommt, da kommt kein Ham- oder Cheese-Burger mit! Denn hier ist das Rezept für die wahren, die echten, die unnachahmlichen KEKS-BURGER! Aber hallo!

Dazu brauchst Du:

Für den Teig
2 Eiweiß
100 g Zucker
1/2 Fläschchen Vanille-Butter-Aroma
100 g Weizenmehl
25 g Speisestärke Gustin
1/2 gestrichenen Teel. Backpulver Backin
2 Eigelb

Zum Füllen
Kirsch-Konfitüre
100 g Nußnougat
1 Päckchen feine Marzipan-Rohmasse
100 g Puderzucker

Zum Garnieren
Back- und Speisefarben »Farbenfreude«
Fondant-Glasur, Vanille-Geschmack

So wird's gemacht:

Zeichne mit Hilfe von 2 Gläsern Kreise auf Backpapier, und zwar für einen Keks-Burger jeweils 3 Kreise von etwa 5 cm Durchmesser und einen Kreis von etwa 6 cm Durchmesser. Leg das Backpapier auf ein Backblech.
Die Teigzubereitung ist die gleiche wie für die KARNEVAL-KÖPFE.
Für die Füllung gib die Nußnougatmasse in einen kleinen Stieltopf, setze diesen in einen größeren Topf mit heißem Wasser und laß die Nußnougatmasse schmelzen.
Verknete das Marzipan mit dem gesiebten Puderzucker und färbe einen Teil für die Halskrause mit grüner, für Mund und Nase mit roter Speisefarbe ein.
Bestreiche für jeden KEKS-BURGER zwei kleinere gebackene Kreise mit Konfitüre und Nußnougatmasse. Forme grünes Marzipan als Halskrause und befestige die Halskrause mit etwas Konfitüre oder Fondant-Glasur auf dem dritten kleineren Kreis.
Nun forme Augen, Nase, Mund und Mütze des KEKS-BURGERS und klebe sie mit Hilfe von etwas Konfitüre oder Fondant-Glasur auf der vierten, größeren gebackenen Kreis. Setze die vier Kreise zu einem KEKS-BURGER zusammen. Fertig

Stelle bereit:
1 Glas von etwa 5 cm Durchmesser
1 Glas (etwa 6 cm Durchmesser)
1 Bleistift
1 Rührschüssel
1 Rührlöffel oder
1 elektrisches Handrührgerät
1 Spritzbeutel
1 Kuchenrost
1 kleineren und
1 größeren Stieltopf
1 Pinsel

Familie Igel

Daß man Igel so selten sieht, liegt wohl daran, daß sie meistens nachts unterwegs sind. Da schlaft Ihr aber schon. Darum stellt Euch Fritz hier eine Igelfamilie vor, die Ihr auch am Tage sehen könnt.

Dazu brauchst Du:

Für den Teig

125g weiche Butter
75g Zucker
1 Päckchen Vanillin-Zucker
3 Eier
1 Prise Salz
75g Haselnußkerne, gemahlen
100g Raspelschokolade
75g Weizenmehl
50g Speisestärke Gustin
2 gestrichene Teel. Backpulver Backin
15g Kakao

Zum Garnieren

125–150g Halbbitter-Kuvertüre
etwa 50g Mandeln, gesplittert
Korinthen

So wird's gemacht:

Für den Teig rühre die Butter geschmeidig und laß nach und nach Zucker und Vanillin-Zucker einrieseln. Rühre nach und nach Eier, Salz, Haselnußkerne und die Raspelschokolade unter. Mische und siebe das Mehl mit Backin, Speisestärke und Kakao und rühre es eßlöffelweise unter. Fülle den Teig in eine große und fünf bis sechs kleine, gefettete Igelformen. Setze die Formen auf den Backofenrost und schiebe sie in den vorgeheizten Backofen.

Backofen-Einstellung

Ober- und Unterhitze: 150-175 Grad C
Heißluft: 130-150 Grad C
Gas: Stufe 2-3
Backzeit für den großen Igel: Etwa 1 Stunde
für die kleinen Igel: Etwa 30 Minuten

Löse die gebackenen Igel aus der Form und laß sie auf einem Kuchenrost erkalten.
Zum Garnieren gib die Kuvertüre in einen kleinen Stieltopf, setze diesen in einen größeren Topf mit heißem Wasser und laß die Kuvertüre schmelzen. Bestreiche die Igel-Figuren ganz mit der aufgelösten Kuvertüre. Als Augen und Schnauze drücke Korinthen ein. Stich die Igel-Oberfläche jeweils dicht nebeneinander mit einem Holzstäbchen ein und stecke gestiftelte Mandeln in die Einstiche. Fertig.

Stelle bereit:

1 Rührschüssel
1 Rührlöffel oder
1 elektrisches Handrührgerät
1 Mehlsieb
1 Teigschaber
Igel-Formen
1 kleinen und
1 etwas größeren Stieltopf
1 Kuchenrost
1 Pinsel
Holzstäbchen
1 Kuchenrost

Geburtstag

Was würdet Ihr davon halten, auf Eurer nächsten Geburtstagsfeier für Eure Gäste mal ein richtiges Menü zu kochen? Mit dem, was Ihr in diesem Buch schon gelernt habt, ist das kein Problem. Eure Freunde werden Bauklötze staunen, wenn Ihr sie mit selbstgemachten Sachen überrascht. Einige tolle Rezepte findet Ihr auf den folgenden Seiten. Sogar ein Pizza-Rezept ist dabei. Doch bevor Ihr anfangt, solltet Ihr alles genau vorbereiten. Denn man muß wissen, wieviel Gäste kommen werden, damit Ihr nicht zuviel und nicht zuwenig Lebensmittel einkauft.

Bunte Bananenschiffchen

(2 Portionen, Foto)

Dazu benötigst Du:

1 Banane
1 Eßl. Zironensaft
4 Eß. Vanilleeis
1/2 Eßl. Schokostreusel

Stelle bereit:

Küchenpapier
1 Küchenbrett
1 feuerfeste Auflaufform
(ca. 25 cm lang)
1 Backpinsel
1 Eßlöffel
2 Teller

So wird's gemacht:

1 Wasche die Banane gründlich unter fließendem heißem Wasser und trockne sie mit Küchenpapier ab.

2 Halbiere die ungeschälte Banane der Länge nach und lege die beiden Bananenhälften mit der Schnittfläche nach oben in eine Auflaufform.

3 Bestreiche die Schnittflächen der Bananenhälften mit Zitronensaft.
Benutze dazu einen Backpinsel.

4 Schiebe die Auflaufform in den vorgeheizten Backofen (Strom: etwa 200 Grad / Gas: 2 – 3) und backe sie 5 – 10 Minuten

5 Lege die fertig gebakkenen Bananenhälften je auf einen Teller und setze auf jede Hälfte 2 Eßlöffel Vanilleeis.

6 Streue zum Schluß die Schokostreusel über die Bananenbrote.

Pizza Napoli (4 Portionen, Foto)

Dazu benötigst Du:

Für den Teig:

100 g Magerquark
4 Eßl. Milch
4 Eßl. Speiseöl
1 1/2 Teel. Salz
200 g Mehl
3 Teel. Backpulver
1 Eßl. Butter zum Fetten des Backbleches

Für den Belag:

4 Eßl. Speiseöl
8 Eßl. Tomatenketchup
1 Dose Tomaten (850 ml)
1 Dose Champignons (425 ml)
2 Zwiebeln
1 Teel. Salz
1 Teel. Pfeffer
1 Teel. Oregano
12 Scheiben Salami
100 g geraspelten Käse

Stelle bereit:

2 große Schüsseln
1 Handrührgerät mit Knethaken
1 Backblech
1 Backpinsel
1 Teigrolle
1 Eßlöffel
1 Sieb
1 Schneidemesser
1 Küchenbrett

So wird's gemacht:

1 Bestreiche das Backblech mit etwas Butter und stelle es zur Seite.

2 Gib den Quark, die Milch, das Öl und das Salz in eine große Schüssel und rühre alles mit dem Handrührgerät gut durch.

3 Mische das Mehl mit dem Backpulver in einer zweiten Schüssel und knete es nach und nach unter die Quarkmasse.

4 Wenn der Teig noch klebt, knetest Du mit der Hand noch etwas Mehl darunter.

5 Forme aus dem Teig eine Kugel, lege sie auf das gefettete Backblech und rolle sie mit einer Teigrolle auf dem Blech aus, daß das ganze Blech mit einer Teigplatte bedeckt ist.

6 Bestreiche jetzt den Teig mit Öl und Tomatenketchup.

7 Nimm die Tomaten mit einem Löffel aus der Dose, schneide sie in große Würfel.

8 Lasse die Pilze auf einem Sieb gut abtropfen und schneide sie in Scheiben.

9 Schäle die Zwiebel, indem Du die äußere Haut abziehst, und schneide sie in Scheiben.

10 Verteile die Tomatenstücke, die Pilze und die Zwiebelscheiben auf dem Teig.

11 Würze den Belag der Pizza mit Salz, Pfeffer und Oregano.

12 Bedecke die Zutaten mit den Salamischeiben und dem geraspelten Käse.

13 Schiebe nun das Backblech in den vorgeheizten Backofen (mittlere Schiene, Strom: etwa 200 Grad / Gas: Stufe 3-4) und lasse die Pizza etwa 30 Minuten backen.

„Süße“ Platzkarten

Leute, jetzt ist's vorbei mit dem Gedrängel um die besten Plätze bei Eurer Geburtstagsparty. Denn Fritz, dieser Pfiffikus, hat etwas ganz Tolles erfunden: Platzkarten, die man essen kann. Da nimmt selbst Klein Anna ganz brav Platz. Hier ist das Rezept.

Dazu brauchst Du:

Für den Teig

250g Weizenmehl
75g Zucker
1 Päckchen Vanillin-Zucker
1 Prise Salz
1 Ei
125g weiche Butter

Zum Garnieren

1 Beutel Kuchenglasur, Zitrone
Back- und Speisefarben „Farbenfreude“
Zuckerschrift
Gebäck-Schmuck
125g Puderzucker
1–2 Eßl. Wasser

So wird's gemacht:

Für den Teig siebe das Mehl in eine Schüssel. Füge Zucker, Vanillin-Zucker, Salz, Ei und Butter hinzu und verrühre alle Zutaten mit dem elektrischen Handrührgerät mit Knethaken gut miteinander. Verknete sie anschließend auf der Tischplatte zu einem glatten Teig. Laß den Teig abgedeckt etwa 1 Stunde im Kühlschrank ruhen.

Rolle den Teig auf einem mit Mehl ausgestreuten Backbrett oder der Tischplatte etwa ½ cm dick aus. Nimm von dem abgebildeten Auto, dem Flugzeug und dem Schiff mit Hilfe eines Stückes Pergamentpapier eine Schablone ab oder zeichne die Motive nach Deinen Vorstellungen auf buntem Karton und schneide Dir daraus Schablonen.

Lege die Schablonen auf den Teig, schneide die Motive aus und lege sie auf ein mit Backpapier ausgelegtes Backblech.

Von dem restlichen Teig steche beliebige Plätzchen aus, lege sie ebenfalls auf das Backblech und schiebe es in den vorgeheizten Backofen.

Backofen-Einstellung

Ober- und Unterhitze:	175-200 Grad C
Heißluft:	160-180 Grad C
Gas:	Stufe 2-3
Backzeit:	Etwa 15 Minuten

Für den Guß erwärme den Beutel Kuchenglasur in einem Topf mit heißem Wasser, schneide den Beutel auf und teile den Inhalt in vier Teile. Färbe die Glasur mit den Backfarben einzeln ein und bestreiche die Motive beliebig damit.

Bestreiche die Plätzchen mit der restlichen Glasur und garniere alle Motive mit Gebäck-Schmuck oder schreibe mit Zuckerschrift die Namen der Gäste auf die Karten.

Stelle bereit:
1 Rührschüssel
1 Mehlsieb
1 elektrisches Handrührgerät
1 Teigrolle
Ausstech-Förmchen
1 Backblech/Backpapier
1 Kuchenrost
1 Pinsel
1 kleinen Topf
4 kleine Schüsseln

Die schnellen Schoko-Orangentörtchen (Etwa 16 Stück)

Stell Euch vor: Es ist Samstagnachmittag, und plötzlich kommt Omi zum Kaffeetrinken. Was macht Ihr da? Na klar: die schnellen Schoko-Orangen-Törtchen!

Dazu brauchst Du:

Für den Teig

1 Packung Backmischung Orangenkuchen
125g weiche Butter
2 Eier
75ml (5 Eßl.) Wasser

Zum Garnieren

1 Beutel Kuchenglasur, dunkel
Zuckerblümchen
Gebäck-Schmuck
Zuckerschrift

So wird's gemacht:

Für den Teig bereitest Du aus der Backmischung, der Butter, Eiern und Wasser nach der Vorschrift auf der Packung einen Teig zu. Stelle die Papier-Förmchen auf ein Backblech und gib in jedes Förmchen einen Eßlöffel von dem Teig. Schiebe das Backblech in den vorgeheizten Backofen.

Backofen-Einstellung

Ober- und Unterhitze:	Etwa 175 Grad C
Heißluft:	Etwa 160 Grad C
Gas:	Stufe 2-3
Backzeit:	Etwa 30 Minuten

Laß die gebackenen Törtchen auf einem Kuchenrost erkalten.
Zum Garnieren laß die kakaohaltige Fettglasur aus der Packung nach Anweisung schmelzen und verteile sie auf den Törtchen. Garniere die Törtchen nun mit Zuckerblümchen, Gebäck-Schmuck und Zuckerschrift.

Stelle bereit:

1 Rührschüssel
1 Rührlöffel oder
1 elektrisches Handrührgerät
1 Teigschaber oder -karte
Papier-Backförmchen
1 Backblech
1 Kuchenrost
1 Pinsel
1 kleinen Topf

ALLES GUTE
ZUM
GEBURTSTAG!

Nikolausstiefel

Ob Ihr's glaubt oder nicht, Leute: Letztes Jahr habe ich am Abend vor Nikolaus meine Schuhe vor die Tür gestellt – und morgens waren sie weg! Darum backe ich dieses Jahr meine eigenen Nikolausstiefel und Katrin verpaßt ihnen einen wunderschönen Zuckerguß.

Dazu brauchst Du:

Für den Teig

125g Honig
50g Zucker
1 Päckchen Vanillin-Zucker
60g weiche Butter
1 Eigelb
1 Messerspitze gemahlenen Zimt
1 Messerspitze gemahlene Nelken
250g Weizenmehl
2 gestrichene Teel. Backpulver Backin
1 gestrichenen Teel. Kakao

Zum Garnieren

Zuckerschrift
Gebäck-Schmuck
Belegkirschen, bunt
Mandeln, halbiert

So wird's gemacht:

Für den Teig erwärme den Honig mit Zucker, Vanillin-Zucker und Butter unter Rühren langsam in einem Topf auf der Kochstelle.
Gib die zerlassenen Zutaten in eine Schüssel und stelle sie kalt.
Rühre unter die fast erkaltete Masse das Eigelb, Zimt und Nelken. Mische

und siebe das Mehl mit Backin und Kakao und rühre ⅔ davon nach und nach unter. Gib den Teig auf die Tischplatte und knete den Rest des Mehlgemisches unter. Rolle den Teig etwa ½ cm dick aus.
Lege Pergamentpapier auf den im Buch abgebildeten Stiefel und zeichne die Stiefel-Umrisse ab. Schneide eine Schablone aus.
Lege die Schablone auf den Teig und schneide

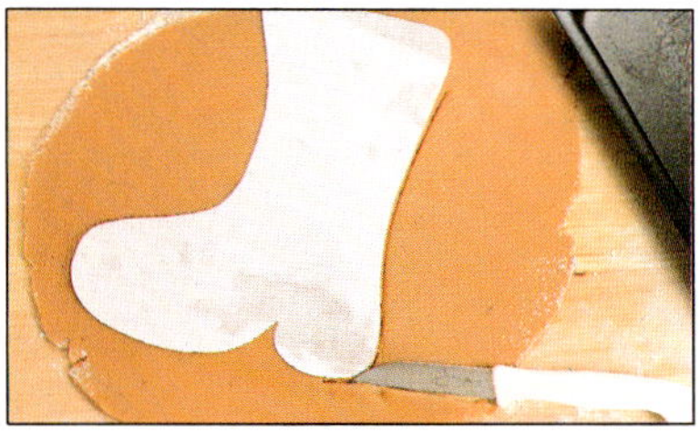

Stiefel aus. Stich aus dem restlichen Teig nach Belieben Plätzchen aus und lege sie mit den Teigstiefeln auf ein gut gefettetes Backblech. Schiebe das Backblech in den vorgeheizten Backofen.

Backofen-Einstellung

Ober- und Unterhitze:
175-200 Grad C
Heißluft:
150-175 Grad C
Gas:
Stufe 3-4
Backzeit:
Etwa 15 Minuten

Laß die gebackenen Stiefel und Plätzchen auf einem Kuchenrost erkalten.
Garniere die Nikolausstiefel und Plätzchen mit Gebäck-Schmuck, Belegkirschen, Zuckerschrift und abgezogenen, halbierten Mandeln.

Stelle bereit:

1 Topf
1 Rührlöffel
1 Mehlsieb
1 Teigrolle
Ausstech-Förmchen
1 Backblech
1 Kuchenrost

Buntes Häuschen

Chefkoch Fritz hat für sich entdeckt - er ist beim Backen auch Architekt: Versucht's doch auch, es ist nicht schwer – und hinterher schmeckt's umso mehr.

Dazu brauchst Du:

Für den Teig

200g weiche Butter
100g Zucker
1 Päckchen
Vanillin-Zucker
3 Eier,
1 Eigelb
1 Prise Salz
½ Beutel Orange- oder
½ Beutel Citro-back
150g Weizenmehl
25g Speisestärke Gustin
1 gestrichenen Teel.
Backpulver Backin
2 Eßl. Orangenlikör oder
2 Eßl. Zitronensaft
50g Mandeln, gemahlen
Semmelmehl

Zum Garnieren

1 Tube Fondant-Glasur,
Vanille-Geschmack
Zuckerblümchen
Gebäck-Schmuck
Back- und Speisefarben
„Farbenfreude“
Zucker-Streusel
Zuckerschrift
1–2 Eßl. Puderzucker
etwas Eiweiß

So wird's gemacht:

Für den Teig rühre die Butter geschmeidig und laß dabei Zucker und Vanillin-Zucker langsam einrieseln. Rühre nach und nach die Eier, Eigelb, Salz, Apfelsinen- oder Zitronenschale unter.
Mische und siebe das Mehl mit Gustin und Backin und rühre es eßlöffelweise mit dem Orangenlikör oder Zitronensaft unter. Zum Schluß rühre die gemahlenen Mandeln unter. Fülle den Teig in eine gut gefettete, mit Semmelmehl ausgestreute Hausform und schiebe die Form auf dem Rost in den vorgeheizten Backofen.

Backofen-Einstellung

Ober- und Unterhitze:	150-175 Grad C
Heißluft:	130-150 Grad C
Gas:	Stufe 2-3
Backzeit:	Etwa 65 Minuten

Laß das gebackene Haus etwa 10 Minuten in der Form abkühlen, stürze es dann auf einen Kuchenrost und laß es erkalten.
Zum Garnieren bestreiche das Dach und den unteren Teil des Hauses dick mit Fondant-Glasur. Bestreue das Dach und den unteren Hausteil mit Zucker-Streuseln und verziere das ganze Haus mit Gebäck-Schmuck, Zuckerblümchen und Zuckerschrift.

Stelle bereit:

1 Rührschüssel
1 Rührlöffel oder
1 elektrisches Rührgerät
1 Mehlsieb
1 Teigschaber
1 Hausform
1 Kuchenrost
1 Pinsel

Honigkuchen-Pärchen

Hättet Ihr nicht mal Lust, Mami und Papi oder Onkel und Tante oder zwei Eurer Freunde als Honigkuchen zu backen? Die Figuren aus diesem Rezept könnt Ihr dazu ganz leicht verändern. Eine tolle Überraschung.

Dazu brauchst Du:

Für den Teig

250 g Honig
100 g Zucker
1 Päckchen Vanillin-Zucker
1 Ei
1 gestrichenen Eßl. gemahlenen Zimt
1 Messerspitze gemahlene Nelken
1 Messerspitze gemahlene Muskatblüte
3 Tropfen Dr. Oetker Backöl, Zitrone
½ Fläschchen Dr. Oetker Rum-Aroma
500 g Weizenmehl
1 Päckchen Dr. Oetker Original Backin
Kondensmilch

Zum Garnieren

Zucker-Streusel, bunt
Zuckerblümchen
Mandeln, gehobelt
Belegkirschen, bunt
Schoko-Blättchen
Sukkade (Zitronat)
Pistazienkerne, gehackt oder halbiert
Konfitüre
(alles von Schwartau)
Rosinen

So wird's gemacht:

Für den Teig gib den Honig mit Zucker, Vanillin-Zucker, Ei, Zimt, Nelken, Muskatblüte, Backöl Zitrone und Rum-Aroma in eine große Schüssel und verrühre die Zutaten gut miteinander. Nun misch das Weizenmehl mit Backin und rühre ⅓ davon unter die Honigmasse.
Gib die Masse auf den Tisch und knete das restliche Mehl unter. Lege Per-

gamentpapier auf das abgebildete Honigkuchen-Pärchen, zeichne die Umrisse des Pärchens ab und schneide Dir eine Schablone aus. Rolle den Teig etwa 1 cm dick aus, leg die Papierschablone darauf und schneide Figuren aus. Lege die Figuren auf ein gut gefettetes Backblech

und bestreiche sie mit Kondensmilch.
Garniere die Figuren mit Zuckerstreuseln, Belegkirschen, Mandeln, Schoko-Blättchen, Sukkade, Rosinen und Pistazienkernen. Schieb das Backblech in den vorgeheizten Backofen.

Backofen-Einstellung

Ober- und
Unterhitze: 175-200 Grad C
Heißluft: 150-175 Grad C
Gas: Stufe 3-4
Backzeit: Etwa 25 Minuten

Stelle bereit:

- 1 Rührschüssel
- 1 Rührlöffel
- Pergamentpapier
- 1 Teigrolle
- 1 Backblech
- 1 Kuchenrost
- 1 Pinsel
- 1 kleinen Topf

Klebe nach Belieben auf die fertig gebackenen Figuren Zuckerblümchen mit Hilfe von Konfitüre.

Nichtschmelzende Schneemänner

Ihr habt richtig gelesen: Fritz schafft das Grundproblem der Schneemänner, daß sie bei Wärme oder im Zimmer schmelzen, ein für allemal aus der Welt: Allerdings mit etwas anderen Schneemännlein und -weiblein. Denn: »Die Schneemänner, die hier zu sehn, die können auch im Zimmer stehn!« Das Rezept dazu stammt von Max.

Dazu brauchst Du:

Für den Teig

100g Honig
50g Zucker
1 Prise Salz
25g weiche Butter
1 Eßl. Wasser
1 Ei
½ Teel. gemahlenen Zimt
2 Tropfen
Backöl, Bittermandeln
250g Weizenmehl
25g Kakao
3 gestrichene Teel.
Backpulver Backin

Für den Guß und zum Garnieren

100g Puderzucker
Eiweiß
Gebäck-Schmuck
Mocca-Bohnen
rote Gelee-Bonbons

So wird's gemacht:

Für den Teig gib den Honig mit Zucker, Salz, Butter und Wasser in einen Topf und erwärme die Zutaten langsam unter Rühren mit dem Rührlöffel. Gib die Honigmasse in eine große Schüssel und stelle sie kalt. Rühre unter die fast erkaltete Masse Ei und Gewürze. Mische und siebe das Mehl mit Backin und Kakao und rühre nach und nach etwa die Hälfte des Mehls unter. Gib den Teig auf die Tischplatte und verknete ihn mit dem Rest des Mehls.
Rolle den Teig etwa 1 cm dick aus und schneide mit Hilfe einer Papierschablone, die Du Dir von dem abgebildeten Schneemann gezeichnet hast, Schneemänner aus. Leg sie auf ein gut gefettetes Backblech und schiebe es in den vorgeheizten Backofen. Laß die Schneemänner hellbraun backen.

Backofen-Einstellung

Ober- und Unterhitze:	175-200 Grad C
Heißluft:	160-180 Grad C
Gas:	Stufe 3-4
Backzeit:	Etwa 10 Minuten

Löse die gebackenen Figuren vorsichtig vom Backblech und laß sie auf einem Kuchenrost erkalten. Für den Guß verrühre den Puderzucker mit so viel Eiweiß, daß ein dickflüssiger Guß entsteht. Bestreiche die Schneemänner auf der Oberseite ganz mit dem Guß und garnier sie mit Gebäck-Schmuck und Mocca-Bohnen. Schneide die roten Gelee-Bonbons in Streifen und klebe sie als Mund auf.

Stelle bereit:

1 Topf
1 Rührschüssel
1 Rührlöffel
1 Messer
1 Backblech
1 Kuchenrost
1 kleine Schüssel
1 Teelöffel
1 Pinsel

Honigkuchenpferd im Himmel Sonne, Mond und Sterne

Wie kommen Honigkuchenpferde in den Himmel, werdet Ihr jetzt fragen. Ganz einfach: Nach dem gleichen Rezept wie Sonne, Mond und Sterne. Alle zusammen auf einem himmlischen Teller ergeben ... na?

Dazu brauchst Du:

Für den Teig

120g Honig, flüssig
1 gestrichenen Eßl. Puderzucker
1 Päckchen Vanillin-Zucker
1 Ei
250g Weizenmehl
1 gestrichenen Teel. Backpulver Backin
Kondensmilch

Zum Garnieren

1–2 Tuben Fondant-Glasur, Zitronen-Geschmack
Back- und Speisefarben „Farbenfreude"
Zuckerschrift
Dekor-Schnee
Orangen-Marmelade
Puderzucker
etwas Eiweiß
Hagelzucker

So wird's gemacht:

Für den Teig verrühre den Honig mit gesiebtem Puderzucker, Vanillin-Zucker und Ei mit einem Rührlöffel. Mische und siebe das Mehl mit Gustin und rühre etwa ⅔ davon unter die Honigmasse. Gib den Teig auf die Tischplatte und knete den Rest des Mehls unter. Rolle den Teig etwa 1 cm dick aus. Lege Pergamentpapier auf das im Buch abgebildete Honigkuchenpferd und zeichne die Umrisse ab. Schneide die Schablone aus und lege sie auf den Teig, schneide das Pferd aus und für die Päckchen zwei kleine Quadrate. Rolle den restlichen Teig ½ cm dick aus und stich mit Ausstechförmchen Sterne, Monde, Kreise und Kränze aus.
Leg das Honigkuchenpferd mit den anderen Motiven auf ein mit Backpapier ausgelegtes Backblech und bestreiche die Motive mit Kondensmilch. Schiebe das Backblech in den vorgeheizten Backofen.

Backofen-Einstellung

Ober- und Unterhitze:	175-200 Grad C
Heißluft:	160-180 Grad C
Gas:	Stufe 3-4
Backzeit:	15-20 Minuten

Laß die gebackenen Motive auf einem Kuchenrost erkalten.
Zum Garnieren teile die Fondant-Glasur in drei bis vier Teile und färbe sie mit den Backfarben verschieden ein. Bestreiche das Pferd und die Päckchen damit, die Pferdemähne mit heller Fondant-Glasur oder Zuckerschrift. Verziere das Pferd mit Zuckerschrift und bestreue den unteren Teil mit Dekor-Schnee.
Die Monde bestreichst Du mit heller Fondant-Glasur, die Sterne bestreust Du mit Hagelzucker.
Für die Sonnen bestreichst Du die Gebäckkreise mit Orangen-Marmelade, setzt darauf die mit Dekor-Schnee bestreuten Gebäck-Kränze.

Stelle bereit:

1 Rührschüssel
1 Rührlöffel
1 Mehlsieb
1 Teigrolle
1 Schere/Pergamentpapier
Ausstechförmchen
1 Backblech
1 Kuchenrost
1 Eßlöffel
2–3 kleine Schüsseln
1 Pinsel

Bunter Tannenwald

(4 große und 7–10 kleine Tannen)

Wer sagt eigentlich, Tannenbäume müßten immer nur grün sein? Max jedenfalls nicht. Der sagt immer: »Die Tannenbäume sind zwar grün – doch bunt geschmückt, doppelt so schön!" Probiert's doch mal aus, bei Euch gleich zuhaus.

Dazu brauchst Du:

Für den Teig

300g Weizenmehl
1 gestrichenen Teel. Backpulver Backin
50g Zucker
3 Eigelb
175g weiche Butter

Zum Garnieren

2–3 Eßl. Orangen-Marmelade
Fondant-Glasur, Vanille- oder Zitronen-Geschmack
Back- und Speisefarben „Farbenfreude"
Gebäck-Schmuck
Zuckerschrift
3 Eiweiß
150g Zucker
½ Teel. gemahlenen Zimt
150g Kokosraspeln

So wird's gemacht:

Für den Teig mische das Mehl mit Backin und siebe es in eine Schüssel. Füge Zucker, Eigelb und Butter hinzu und verrühre alle Zutaten mit dem elektrischen Handrührgerät mit Knethaken gut miteinander. Verknete sie anschließend auf der Tischplatte zu einem glatten Teig. Laß den Teig abgedeckt etwa eine Stunde im Kühlschrank ruhen.
Für die großen Tannen nimm aus Pergamentpapier eine Schablone von dem im Buch abgebildeten Baum ab.
Rolle den Teig knapp ½ cm dick aus und schneide mit Hilfe der Papier-Schablone 4 Tannenbäume aus. Für die kleinen Tannenbäume benutzt Du Ausstechförmchen.

Lege die Tannenbäume auf ein gut gefettetes Backblech und schiebe es in den vorgeheizten Backofen.

Backofen-Einstellung

Ober- und Unterhitze: Etwa 200 Grad C
Heißluft: Etwa 180 Grad C
Gas: Stufe 3-4
Backzeit: Etwa 10 Minuten

Zum Garnieren streiche die Orangen-Marmelade durch ein kleines Sieb und bestreiche die heißen Bäume damit.

Schlage das Eiweiß mit Zucker und Zimt steif und hebe die Kokosraspeln vorsichtig unter.
Bestreiche die Gebäck-Tannen damit.

Schiebe das Backblech nochmals in den vorgeheizten Backofen.

Backofen-Einstellung

Ober- und Unterhitze: 130-150 Grad C
Heißluft: 110-130 Grad C
Gas: Stufe 1-2
Backzeit: 20-25 Minuten

Laß die gebackenen Tannen auf einem Kuchenrost erkalten.
Garniere nun die Weihnachtsbäume mit Gebäck-Schmuck, Zuckerschrift oder verschieden eingefärbter Fondant-Glasur.

Stelle bereit:

1 Rührschüssel
1 Mehlsieb
1 elektrisches Handrührgerät mit Knethaken
1 Schere/Pergamentpapier
1 Teigrolle
Ausstechförmchen (Tannenbäume)
1 Messer
1 Backblech
1 Pinsel
1 kleinere Schüssel
1 Schneebesen
1 kleines Sieb
1 Kuchenrost

Marzipan-Glücksbringer

(3 Kleeblätter, 3 Schweinchen, 4 Käfer, 3 Hufeisen)

Glücksbringer aus Marzipan, die schleppen das Glück gleich pfundweis' heran!" behauptet jedenfalls Katrin. Und Fritz gedenkt dieses Rezept jetzt auszuprobieren – vor allem, weil Kleeblätter und die kleinen Schweinchen zum Glück gut schmecken!

Dazu brauchst Du:

Für den Teig

1 Schachtel
Feine Marzipan-Rohmasse oder Marzipan, farbig
Back- und Speisefarben „Farbenfreude"
Zuckerschrift
100g Puderzucker
Spaghetti

So wird's gemacht:

Verknete die Marzipan-Rohmasse mit dem gesiebten Puderzucker und schneide das Marzipan in vier Teile. Für die Kleeblätter färbe einen Teil des Marzipans grün, für die Käfer kräftig rot, für die Schweinchen einen Teil mit wenig roter Farbe rosa und ein Teil für die Hufeisen bleibt hell.

Für die Kleeblätter rolle das grüne Marzipan etwa ½ cm dick aus und steche drei Kreise von etwa 6 cm Durchmesser aus. Schneide die Kreise über Kreuz viermal ein und runde sie an den Schnittkanten etwas ab, so daß Kleeblätter entstehen.

Forme drei Stiele aus grünem Marzipan und drücke an jedes Blatt einen.

Für die Schweinchen rolle das rosa Marzipan aus und stich mit Hilfe der Förmchen Schweinchen aus. Stecke ihnen aus dem restlichen grünen Marzipan kleine Kleeblätter in die Schnauze.

Für die Käfer forme aus dem roten Marzipan zwei Kugeln und halbiere sie, so daß vier Käferkörper entstehen. Forme aus Marzipanresten für jeden Käferkörper sechs Beine und drücke sie seitlich unter den Körper.

Aus Spagettistückchen drückst Du Fühler in jeden Käfer und verzierst sie mit Zuckerschrift.

Für die Hufeisen teilst Du das weiße Marzipan in drei Teile und formst etwa 17cm lange Rollen daraus. Lege die Rollen zu Hufeisen, drücke sie etwas flach und zeichne mit Zuckerschrift Nägel darauf.

Stelle bereit:

1 Mehlsieb
1 Messer
3 kleine Schüsseln
1 Glas (Durchmesser etwa 6 cm)
1 Teigrolle
Ausstechförmchen (Schwein)

Neujahrsbaum

Er ist zwar nicht so bekannt wie der Weihnachtsbaum – aber erstens kann sich das ändern und zweitens hat er seine ganz besondere Bedeutung: Er will uns an die vier Jahreszeiten erinnern, die jetzt vor uns liegen. Sozusagen als „baumstarker Vorbote“ des neuen Jahres.

Dazu brauchst Du:

Für den Teig

150g Weizenmehl
3 gestrichene Teel. Dr. Oetker Original Backin
75g Magerquark
3 Eßl. Speiseöl
3 Eßl. Milch
35g Zucker
1 Päckchen Vanillin-Zucker
1 Prise Salz

Zum Garnieren

1 Tube Fondant-Glasur Zitronen-Geschmack
Back- und Speisefarben „Farbenfreude“
Zuckerschrift
Gebäck-Schmuck
(alles von Schwartau)
Hagelzucker

So wird's gemacht:

Für den Teig mische das Mehl mit Backin und siebe es in eine Schüssel. Füge Quark, Öl, Milch, Zucker, Vanillin-Zucker und Salz hinzu und verrühre alle Zutaten mit dem Knethaken des Handrührgerätes auf höchster Stufe zu einem Teig.

Rolle den Teig knapp 1cm dick aus.
Lege Pergamentpapier auf den im Buch abgebildeten Baum und zeichne die Umrisse ab. Schneide eine Schablone aus. Oder zeichne einen Neujahrsbaum nach Deinen Vorstellungen auf Karton und schneide Dir davon eine Schablone aus. Lege die Schablone auf den Teig und schneide den Baum aus. Lege den Baum auf ein mit Backpapier ausgelegtes Backblech und schiebe das Backblech in den vorgeheizten Backofen.

Backofen-Einstellung

Ober- und Unterhitze:	Etwa 200 Grad C
Heißluft:	Etwa 180 Grad C
Gas:	Stufe 3-4
Backzeit:	Etwa 12 Minuten

Laß den gebackenen Baum auf einem Kuchenrost erkalten.

Zum Garnieren teile den Inhalt der Tube Fondant-Glasur in vier Teile. Laß einen Teil hell, färbe mit Hilfe der Backfarben einen weiteren Teil grün, einen Teil gelb und einen Teil braun (aus den Farben grün und rot), einen Teil rot. Bestreiche den Stamm mit der braunen Farbe. Die Baumkrone unterteile dreimal.
Streiche das Viertel für den Frühlung grün, für den Sommer gelb, für den Herbst rot für den Winter weiß.
Garniere den Baumstamm mit Regenbogen-Zucker und Gebäck-Schmuck und verziere die Baumkrone mit Gebäck-Schmuck und Zuckerschrift.

Stelle bereit:

1 Mehlsieb
1 Rührschüssel
1 Schere/Pergamentpapier
1 elektrisches Handrührgerät
1 Backblech
5 kleine Schüsseln
1 Kuchenrost
1 Teigrolle
1 Pinsel

Winter
Frühling
Sommer
Herbst